YOGA
pré et postnatal

MANGO
éditions

Bonjour chère yogini,

Il paraît que vous allez devenir maman !
Félicitations et bienvenue dans cette nouvelle aventure.

Je m'appelle Tiphaine et je suis professeure de yoga vinyasa, yoga kundalini, primal flow et yoga nidra. Je me suis formée au yoga prénatal et postnatal, et auprès de l'Institut de Gasquet, afin de compléter mes connaissances et de pouvoir accompagner les futurs parents dans cette folle aventure. Après cela, j'ai créé des cours de yoga prénatal et postnatal pour le site Yogi Lab (www.yogilab.fr). Ce que je propose dans ce livre est un combiné de mes différentes formations, de mes lectures et de ma propre expérience. Mon souhait est de moderniser la pratique et de libérer le mouvement, cet outil si précieux pendant les changements de notre corps.

Tiphaine

SOMMAIRE

INTRODUCTION

La grossesse est un moment très spécial dans la vie d'une femme, tout comme dans celle d'un couple.

Peu importe comment vous avez choisi de le vivre : seule dans le secret, entourée de proches, en public sur les réseaux, en couple ou non... c'est votre moment à vous. Il est si spécial qu'il mérite de prendre place dans votre existence au rythme que vous jugerez bon pour vous.

Les femmes ont cette puissance de vie en elles (qu'elles choisissent ou non d'avoir des enfants). C'est cette force que le yoga prénatal nous permet d'explorer, en douceur, avec bienveillance et toujours dans le respect du corps.

Le corps se transforme pour faire de la place à cette nouvelle vie qui se crée à l'intérieur. Le yoga vient en soutien de ces changements, qui peuvent amener leur lot de douleurs, de petits inconforts, mais aussi de grandes remises en question et de doutes. En mouvant le corps, nous (re)prenons les choses en main, nous découvrons ce que nous pouvons réaliser, et ce que nous ne pouvons pas encore faire.

En bougeant par le biais des mouvements du yoga, et en utilisant les exercices de respiration, vous allez ressentir que le corps se libère, s'assouplit, s'ouvre. La respiration et les méditations nous aident à établir une connexion avec le corps et avec bébé qui grandit. D'ailleurs, certaines postures peuvent aussi être effectuées avec le papa ou le coparent. C'est un moment de détente et de complicité à trois, au cours duquel le papa ou le coparent participe à l'arrivée de bébé. En faisant quelques exercices avec la future maman, il apprendra à connaître ce qui la soulage, les petits gestes qui peuvent aider, et se sentira beaucoup plus apte à apporter son soutien lors de l'accouchement.

Tous ces outils sont essentiels pour passer à l'étape suivante : l'accouchement. Que vous soyez totalement sereine ou non, partisane de la péridurale ou non, comme la grossesse, l'accouchement est un moment fort qui vous appartient. J'aime beaucoup citer mon amie Anne (@le.regard.danne), sage-femme, qui nous rappelle à nous, les femmes, que notre corps sait accoucher. Avant d'échanger avec Anne sur le sujet, et avant de me renseigner, je pensais que l'accouchement était quelque chose qui se faisait obligatoirement en étant entourée d'une équipe médicale et dans un lieu médicalisé.

Il y a des situations dans lesquelles une intervention médicale est souhaitable, et d'autres dans lesquelles une femme pourrait tout simplement accoucher seule dans n'importe quel champ, pour reprendre les paroles de mon médecin.

Quel que soit votre choix pour l'accouchement, ou quelles que soient les recommandations de l'équipe médicale qui vous suit, le yoga prénatal vous aidera à vivre ce moment, et le yoga postnatal vous permettra de comprendre le corps postaccouchement !

Une fois le corps reposé, la rééducation du périnée peut commencer, puis les exercices physiques peuvent reprendre en douceur. La rééducation se fait auprès de sages-femmes, ou de kinésithérapeutes. C'est le professionnel de santé qui vous donnera le feu vert pour l'exercice physique, et les précautions à prendre selon votre cas.

Le yoga postnatal vous permettra de réaliser deux choses : vous reconnecter à votre corps après l'accouchement, et passer des instants de complicité avec votre bébé.

J'espère pouvoir vous accompagner dans cette période à travers des séances de yoga et des méditations qui vous feront vous sentir en forme, sereine et prête pour l'aventure.

UN PETIT POINT SUR L'ANATOMIE

Nous allons beaucoup évoquer le muscle transverse et le périnée. Nous parlerons aussi du muscle grand droit.

Le périnée est un ensemble de muscles constituant le « plancher pelvien », qui se situent de l'anus aux parties génitales. Lors de la grossesse, le poids pesant sur les muscles du périnée est augmenté. C'est pourquoi, lors de la phase prénatale, nous devons être vigilantes à ne pas augmenter les poussées sur le périnée, en l'engageant. Nous ne cherchons pas non plus à le rendre hypertonique avec un engagement constant. Cela pourrait jouer en notre défaveur lors de l'accouchement.

Le ventre de la femme enceinte est bien occupé par un bébé qui, au fil des mois, prendra de plus en plus de place, poussant les organes digestifs vers le haut. Les postures de yoga prénatal peuvent aider à soulager les désagréments que cela comporte.

Le muscle transverse est un muscle abdominal profond, il se situe tout en dessous de l'ensemble des muscles abdominaux. Il part du bas du dos, et vient s'attacher devant, sous le nombril. On y fait souvent référence en parlant de « gaine ». C'est en effet lui qui empêche le ventre de sortir vers l'avant.

Le muscle grand droit est en surface, et lui aussi est relié au milieu de l'abdomen, par une ligne blanche. Lorsque le ventre grossit, cette ligne blanche se rompt chez beaucoup de femmes. Cela est totalement normal. Nous parlons de « diastasis ». Ce qui n'est pas souhaitable, c'est que cette rupture ne se répare pas postaccouchement.

Les exercices de yoga postnatal aident à réparer cette ligne blanche en renforçant le muscle transverse. Cette première étape permet de préserver le périnée, qui fonctionne en synergie avec le muscle transverse. Cela signifie que lorsque nous contractons le muscle transverse, le périnée travaille aussi, car il remonte.

Nous allons dans une seconde phase travailler le muscle grand droit afin de préserver le muscle transverse. Une trop grande sollicitation uniquement de ce muscle entraînerait une aggravation de l'écartement de la ligne blanche au niveau du bas du ventre.

C'est donc l'équilibre entre les sollicitations musculaires qui vous aidera à préserver vos muscles, et c'est ce qui est proposé dans tout le livre.

Les exercices de yoga avec votre bébé auront tendance à accentuer le travail du muscle grand droit, car le poids du bébé entraîne sa contraction plus souvent.

Au centre de tout cela, c'est la respiration qui préservera vos muscles et les renforcera. La méthode de respiration est méticuleuse, mais elle est un outil précieux que nous devons absolument garder à l'esprit.

UN POINT SUR LA RESPIRATION

Vous n'y faisiez peut-être pas forcément attention avant, mais la grossesse est le moment de veiller à avoir une respiration un peu plus homogène et efficace. Cette respiration spécifique demande une certaine concentration avant d'en avoir l'habitude, car pour bien la réaliser, nous devons engager notre périnée. En yoga prénatal, nous portons une attention particulière au périnée, c'est-à-dire que nous contractons les muscles du périnée. C'est souvent le muscle pubo-rectal que nous pouvons sentir et engager facilement, en imaginant que l'on veut retenir une envie de faire pipi.

Cet engagement du périnée se fait au début de l'expiration, mais il peut se relâcher lors de l'expiration et lors de l'inspiration.

Vous n'êtes pas obligée de le faire à chaque expiration, car un bon engagement des muscles abdominaux ne nécessite pas forcément de contracter le périnée. Le périnée ne doit pas être constamment contracté, cela viendrait créer des tensions inutiles. Cependant, pour certains grands mouvements, il faudra veiller à l'engager en expirant. Ainsi, vous pouvez plus facilement, lors de l'expiration, engager le muscle transverse, qui joue un rôle de ceinture ou de gaine. Il maintient les viscères et permet au muscle grand droit (les tablettes de chocolat), qui est déjà bien étiré chez la femme enceinte, de ne pas travailler seul.

Dans certaines formations de yoga, il est enseigné qu'un muscle grand droit trop fort pourrait causer un diastasis (une rupture de la ligne blanche, joignant le muscle grand droit au centre). Certaines études nous disent que ce sont des muscles faibles qui entraînent cette rupture.

Partons donc du principe qu'un bon équilibre est essentiel, qu'un peu de force et un peu de souplesse dans cette zone feront des merveilles pour nous éviter les petits et grands désagréments qui peuvent accompagner la grossesse. C'est parfait, puisque le yoga apporte ce bel équilibre entre force et souplesse.

LA SYNERGIE ENTRE LE PÉRINÉE ET LE MUSCLE TRANSVERSE

Entraîner le muscle transverse est important pendant la grossesse, mais surtout après l'accouchement. En plus de travailler le muscle transverse, notre gaine, il est essentiel de « recruter » le muscle grand droit. En ne se focalisant que sur le muscle transverse, nous tirons sur la ligne blanche qui est déjà affaiblie. Dans un premier temps, nous nous concentrons donc sur le muscle transverse et le périnée, qui agissent ensemble. Nous parlons de synergie, car l'engagement de l'un entraîne celui de l'autre. Ensuite, quand ces deux muscles sont un peu plus forts, nous pouvons faire appel au muscle grand droit.

Il s'agit ici d'une schématisation ayant pour but de rendre l'information accessible à toutes. Il est important que vous l'adaptiez à votre cas, grâce aux conseils avisés de spécialistes (kinésithérapeute ou sage-femme) formés à la rééducation postnatale.

LA RESPIRATION PENDANT LA PRATIQUE

La respiration que nous allons utiliser tout au long de la pratique du yoga durant cette période prénatale et postnatale va permettre de mobiliser le périnée, afin de bien engager le muscle transverse. Inutile de chercher un renforcement trop poussé en début de grossesse. Le corps est en train de créer un bébé... les muscles attendront ! D'ailleurs, les muscles vont fondre (plus ou moins selon notre morphologie). Le yoga permet donc un entretien de la masse musculaire, tout en douceur.

Pour respirer et bouger correctement, comme nous l'avons évoqué, nous faisons donc une action simultanée avant chaque posture de renforcement ou d'étirement :

- engagement du périnée, c'est comme si nous retenions une envie d'aller aux toilettes ;
- expiration complète.

Nous ne tenons pas le périnée, contracté pendant toute la durée des exercices car nous ne voulons pas un périnée trop tonique pour l'accouchement ! Une fois que l'engagement du muscle transverse est bien maîtrisé, il n'est pas obligatoire de contracter le périnée à chaque expiration du fait de leur fonctionnement en synergie.

YOGA

prénatal

La pratique du yoga vous apportera un confort quotidien, c'est un outil inestimable pour vivre sereinement les changements du corps.

Trimestre 1

Faut-il adapter la pratique dès le premier trimestre ? Si votre corps n'a pas encore répondu à la question, faisons-le ici : oui, bien sûr !

Les changements physiques et hormonaux s'opèrent dès ce moment-là et le corps a besoin d'aménagements.

Si la fatigue est grande, ou si les nausées sont trop fortes, alors c'est le moment pour calmer le rythme. Continuez à prendre soin de vous en vous étirant un peu et en marchant de 20 à 30 minutes plusieurs fois par semaine.

Lors du premier trimestre, les niveaux de relaxine sont élevés. La relaxine est l'hormone qui relâche les muscles, les tendons, les ligaments, c'est donc l'hormone qui rend plus souple et qui permet au fœtus de s'accrocher dans l'utérus. Nous en avons donc besoin.

Certaines femmes, mais pas toutes, deviennent hyperlaxes pendant la grossesse. Cela signifie que, quand elles tendent les bras, ou les jambes, l'articulation va au-delà d'une ligne droite. Nous voulons éviter ces extensions trop importantes, en gardant un engagement musculaire dans chaque étirement. Cela vous sera expliqué au fil du livre pour les postures de yoga concernées.

Le conseil pour le premier trimestre : apprenez à écouter ces nouveaux signaux, trouvez le bon équilibre entre un peu de renforcement doux et du repos.

LE QUATRE-PATTES

BHARMANASANA

C'est une posture très agréable quand le ventre commence à peser. En prenant cette posture, nous changeons la façon avec laquelle la gravité exerce sa force sur le corps, et surtout sur le ventre.

LES APPUIS

Dans cette posture, nous sommes en appui sur les mains et sur les genoux, jusqu'aux pieds. Poussez bien vos mains dans le sol, jusqu'au bout des doigts pour éviter que le poids du corps soit trop dans les poignets.

L'ALIGNEMENT

L'alignement est différent pour cette version prénatale du quatre-pattes. Nous souhaitons avoir le corps en arrière par rapport à nos appuis, et non dans un angle à 90 degrés. Pourquoi ? Premièrement, pour éviter que le poids du corps aille trop dans les poignets, qui sont souvent plus sensibles. Deuxièmement, pour libérer les hanches et le ventre, qui pourront bouger plus facilement quand nous ferons le chat et la vache (voir postures suivantes).

Le petit plus

Imaginez que la colonne vertébrale est longue dans cette posture. Dirigez le regard vers le sol pour garder le cou dans l'alignement du reste de la colonne vertébrale.

LE CHAT ET LA VACHE

MARJARIASANA ET BITILASANA

Ces deux postures s'enchaînent au fil des inspirations et expirations, et permettent de relâcher les tensions dans le dos, la cage thoracique et les hanches.

LES APPUIS

Comme pour la posture à quatre pattes, nous sommes en appui sur les mains et sur les genoux, jusqu'aux pieds.

Poussez bien vos mains dans le sol, comme pour faire une empreinte de tous vos doigts dans le tapis.

L'ALIGNEMENT

POUR LA POSTURE DU CHAT

Après quelques respirations dans la posture du quatre-pattes, expirez en arrondissant le dos, comme si le haut du dos pouvait toucher
le plafond. En même temps que vous faites cette action, imaginez que le dos devient plus long. Rentrez bien le ventre vers le nombril.

Inspirez dans les côtes, expirez en rentrant un peu plus le ventre. Répétez plusieurs fois, jusqu'à 5 respirations.

Repoussez bien le sol avec vos mains. Les épaules auront tendance à venir vers l'avant, repoussez le bassin vers l'arrière.

POUR LA POSTURE DE LA VACHE

Habituellement, nous faisons l'inspiration en cambrant le dos pour faire la posture de la vache. Cela signifie que le diaphragme descend pendant que nous étirons le ventre. Pour la version prénatale, vous pouvez essayer de ne bouger que sur l'expiration. Inspirez dans la posture du quatre-pattes, puis expirez en cambrant le dos. Même si le ventre s'étire, pensez à engager le périnée et le muscle transverse. Les épaules peuvent s'ouvrir. Le regard se dirige vers l'avant pour amener l'extension jusque dans le cou.

Inspirez dans les côtes, puis expirez à nouveau en allongeant encore plus le dos. Répétez plusieurs fois, jusqu'à 5 fois.

Évitez de relâcher complètement le ventre, et de vous avachir sur les épaules. Repoussez bien le sol avec les mains.

Le petit plus

Une fois que les postures et la respiration sont bien maîtrisées, vous pouvez enchaîner avec plus de fluidité les deux postures, en faisant une inspiration sans bouger, puis une expiration pour passer à l'autre.

LE COBRA

BHUJANGASANA

Pour maintenir la force et la souplesse du dos, cette posture est idéale, à condition que vous ne ressentiez pas une sensation désagréable en la faisant (pincement, décharge électrique...). La respiration doit être profonde et naturelle.

LES APPUIS

Vous partez de la position à quatre pattes et vous ne prenez pas appui sur le ventre. Vous prenez appui sur l'avant des cuisses jusqu'au pubis.

L'ALIGNEMENT

Depuis la posture à quatre pattes, inspirez puis expirez en engageant le périnée et amenez en même temps le bassin vers le sol et le buste vers l'avant. Les bras peuvent se plier légèrement pour rendre la posture plus accessible. Il s'agit d'une grande extension de la colonne vertébrale.

Évitez de forcer le corps dans cette posture. Vous pouvez placer un coussin en dessous des hanches comme dans la version mentionnée au 3e trimestre.

Évitez de vous avachir et de relever les épaules, éloignez-les des oreilles, et tirez les omoplates l'une vers l'autre pour ouvrir les épaules.

Le petit plus

Engagez les cuisses, les fessiers, et poussez le dessus des pieds dans le sol pour une posture bien réalisée.

LE CHIEN TÊTE EN BAS

ADHO MUKHA SVANASANA

C'est une excellente inversion (le cœur est plus haut que la tête), elle permet de libérer les tensions dans le dos, et les organes remontent pour faire de la place et alléger le ventre.

LES APPUIS

Les pieds et les mains sont nos appuis pour cette posture. Il arrive souvent que les talons ne touchent pas le sol, et ce n'est pas un prérequis pour réussir la posture.

Adaptation

L'ALIGNEMENT

Pour réaliser la posture, vous pouvez imaginer que vous formez un triangle. Les bras sont tendus, le dos est allongé, le regard est entre les genoux pour garder la tête dans le prolongement de la colonne vertébrale. Les jambes peuvent être légèrement pliées pour conserver un dos long et éviter que le bas du dos s'arrondisse.

Les doigts poussent dans le sol, les mains doivent repousser le sol. Pour autant, il convient de ne pas crisper les épaules et la nuque. Tout en repoussant le sol, il faut trouver de la douceur et de l'espace dans les épaules, qui restent loin des oreilles.

Le petit plus

Imaginez un fil qui passe autour des hanches et qui vous tire vers le haut et légèrement vers l'arrière. Cela vous aidera à bien placer le corps.

LE GUERRIER I

VIRABHADRASANA I

Nous entretenons la force des jambes et la concentration grâce à cette posture qui permet de se sentir forte et puissante.

LES APPUIS

Les deux pieds sont posés au sol, celui de la jambe avant pointe vers l'avant, celui de la jambe arrière vers le côté, légèrement vers l'avant pour plus de confort dans le genou.

Vous pouvez commencer depuis la posture debout, jambes tendues, et poser la jambe gauche loin derrière vous.

Pour avoir un bon équilibre, imaginez une ligne qui passe au centre du tapis de l'avant vers l'arrière.

Le pied droit est posé à droite de cette ligne, l'intérieur du pied collé à la ligne. Le pied gauche est posé à gauche de la ligne.

Si vous vous sentez à l'aise, vous pouvez poser votre pied gauche au milieu de la ligne.

L'ALIGNEMENT

La jambe droite est pliée à 90 degrés, le genou est aligné avec la cheville. Souvent, pour compenser une faiblesse dans la cuisse ou les muscles fessiers, la jambe tombe un peu vers l'intérieur : pensez à la redresser.

Les bras sont vers le ciel, le buste est tourné vers l'avant. La version yoga ashtanga de cette posture nécessite que le bassin soit orienté vers l'avant, mais cette version n'est pas très respectueuse de la forme du corps, et met beaucoup de tension sur le bas du corps.

Vous pouvez laisser les hanches légèrement ouvertes vers la gauche tout en essayant de pivoter de votre mieux le corps vers l'avant.

Les biceps sont alignés avec les oreilles. Le regard est vers l'avant.

Évitez de placer le poids du corps trop vers l'arrière, cela est tentant avec le ventre qui pèse, mais concentrez-vous sur une colonne vertébrale longue. Engagez bien les muscles transverse et périnéal, en utilisant la respiration adaptée décrite en introduction (p. 10).

Reproduisez l'exercice de l'autre côté.

Restez dans la posture pendant 3 à 5 respirations.

Le petit plus

Visualisez les pieds qui s'ancrent dans le sol et qui envoient l'énergie vers le sol, et cette même énergie qui rebondit pour venir alléger le haut du corps.

LE GUERRIER II

VIRABHADRASANA II

Il n'y a rien de mieux pour travailler la concentration que cette posture, qui nous demande de porter notre attention sur toutes les parties du corps en plus de la respiration. C'est un véritable entraînement pour le corps et pour le cerveau.

LES APPUIS

Les deux pieds sont posés au sol, celui de la jambe avant pointe vers l'avant, celui de la jambe arrière vers le côté, légèrement vers l'avant pour plus de confort dans le genou.

Vous pouvez commencer depuis la posture debout, jambes tendues, et poser la jambe gauche loin derrière vous.

Pour avoir un bon équilibre, imaginez une ligne qui passe au centre du tapis de l'avant vers l'arrière.

Le pied droit est posé à droite de cette ligne, l'intérieur du pied collé à la ligne. Le pied gauche est posé à gauche de la ligne.

Si vous vous sentez à l'aise, vous pouvez poser votre pied gauche au milieu de la ligne.

L'ALIGNEMENT

La jambe avant est pliée à 90 degrés, la jambe arrière est tendue, les muscles des cuisses sont engagés. Le genou avant est bien aligné avec la cheville.

Évitez de le laisser partir vers l'intérieur.

Le buste est ouvert vers la gauche quand la jambe droite est devant, et vers la droite quand la jambe gauche est devant.
Les bras sont tendus, parallèles au sol, l'un devant, l'autre derrière.

Les épaules sont détendues dans cette posture, évitez de vous crisper. Allongez la colonne vertébrale à chaque expiration.

Si la jambe arrière se plie, tendez-la.

Reproduisez l'exercice de l'autre côté.

Restez dans la posture pendant 3 à 5 respirations.

Le petit plus

Visualisez le corps qui effectue plusieurs mouvements d'ouverture dans cette posture : premièrement, le genou avant qui s'ouvre pour être aligné avec la cheville ; ensuite, l'épaule arrière qui est étirée vers l'arrière ; enfin, le cou, avec le regard porté vers l'avant.

LE GUERRIER III

VIRABHADRASANA III

Cette posture d'équilibre nous permet de mesurer les changements de notre centre de gravité, et entraîne à l'équilibre en renforçant les muscles stabilisateurs de nos jambes.

LES APPUIS

Un seul pied est posé au sol, l'autre est en arrière.

L'ALIGNEMENT

Partez de la position debout, les deux pieds posés à la largeur des hanches ou un peu plus largement. Sur l'expiration, penchez-vous vers l'avant pendant qu'une jambe part en arrière.

Les deux jambes sont tendues. Il est possible de plier légèrement la jambe d'appui.

Les deux hanches sont traditionnellement parallèles au sol, mais avec le ventre qui a grandi, il est plus facile d'ouvrir légèrement les hanches. La hanche droite peut donc monter légèrement quand c'est la jambe gauche qui est au sol et inversement.

Reproduisez l'exercice de l'autre côté.

Restez dans la posture pendant 1 à 3 respirations.

Le petit plus

Utilisez chaque expiration pour allonger la colonne vertébrale.

LA FENTE BASSE

ANJANEYASANA

C'est une posture d'étirement qui permettra de soulager les jambes, qui peuvent commencer, déjà, à gonfler.

LES APPUIS

Vous êtes en appui sur le pied avant et sur le genou arrière, jusqu'au pied. Il est important de bien répartir le poids du corps sur les deux pieds, et non uniquement sur le pied qui est devant.

Le petit plus

Utilisez l'expiration pour vous étirer davantage, en faisant de tout petits mouvements de haut en bas, à chaque expiration.

L'ALIGNEMENT

Partez de la posture debout, et posez votre pied droit derrière vous. Plus vous le poserez loin derrière, plus l'équilibre sera mis au défi. Vous pouvez poser les mains sur les hanches, ou lever les bras vers le ciel.

Inspirez, puis expirez et pliez les deux jambes jusqu'à ce que le genou droit atteigne le sol. Vous pouvez placer une serviette sous le genou s'il est sensible.

Le dos est long, évitez de vous avachir dans le bas du dos, ce qui vous amènerait à vous cambrer un peu trop. Gardez le genou avant au-dessus de la cheville.

La hanche droite va partir un peu vers la droite, ramenez-la au centre.

Restez entre 3 et 5 respirations, puis changez de jambe.

LA FENTE HAUTE

ASHTA CHANDRASANA

C'est une posture qui demande de l'équilibre et qui renforce les jambes.

LES APPUIS

Vous êtes en appui sur le pied avant et sur la pointe du pied arrière. Il est important de bien répartir le poids du corps sur les deux pieds. Dans cette posture, le poids du corps a tendance à aller vers l'avant.

L'ALIGNEMENT

Partez de la position debout, jambes tendues, les pieds écartés de la largeur des hanches ou un peu plus largement.

Faites un grand pas en arrière avec le pied droit. Pliez la jambe gauche. Le genou gauche doit être sur la même ligne que la cheville. La jambe droite peut être légèrement pliée.

Tendez les bras vers le haut, en alignant les biceps avec les oreilles. Relâchez les épaules et allongez la colonne vertébrale à chaque expiration.

Fixez votre regard au loin et restez concentrée sur la respiration, en engageant le muscle transverse à chaque expiration.

Restez dans cette posture entre 3 et 5 respirations.

Le petit plus

Repoussez volontairement le sol avec le pied arrière afin d'éviter de vous cambrer.

L'ARBRE

VRKSASANA

Cette posture d'équilibre est parfaite pour s'entraîner à trouver son nouveau centre de gravité, pour renforcer le dos, les jambes et la concentration.

LES APPUIS

Vous êtes en appui sur un pied, en équilibre.

L'ALIGNEMENT

Partez de la posture debout. Prenez appui sur les deux pieds, ressentez les pieds bien ancrés dans le sol, puis transférez le poids du corps dans le pied gauche. Inspirez, puis expirez en vous grandissant et soulevez le pied droit du sol. Ouvrez le genou vers la droite, pour poser le talon droit au niveau de la cheville gauche, du mollet gauche, ou de l'intérieur de la cuisse gauche pour un exercice plus difficile.

Placez les mains en prière devant le cœur.

Les hanches doivent rester alignées et ne pas partir vers la gauche.

Regardez loin devant vous.

Maintenez la posture entre 5 et 8 respirations, et changez de côté.

Le petit plus

À chaque expiration, grandissez-vous et assurez-vous de ne pas trop cambrer votre dos.

L'AIGLE

GARUDASANA

Cette posture permet de travailler sur l'équilibre tout en étirant l'extérieur des hanches, zone que l'on n'étire pas si souvent.

LES APPUIS

Vous êtes en appui sur un seul pied.

L'ALIGNEMENT

Commencez par la posture de la montagne : tenez-vous bien droite, les pieds joints. Prenez appui sur le pied gauche, et soulevez le pied droit du sol en pliant le genou. Croisez la cuisse droite sur la cuisse gauche. Pliez la cuisse gauche légèrement.

Peut-être que le pied droit pourra se croiser derrière le mollet gauche.

Croisez les bras également. La jambe droite étant au-dessus, le bras droit se croisera sous le bras gauche. Peut-être que les paumes de main pourront se rejoindre.

Maintenez la posture entre 3 et 5 respirations, puis refaites la même chose sur l'autre jambe.

Le petit plus

Utilisez la respiration pour vous maintenir en équilibre. À l'expiration, engagez le bas du ventre en aspirant le nombril vers la colonne vertébrale. À l'inspiration, allongez la colonne vertébrale.

LA TÊTE VERS LE GENOU

JANU SIRSASANA

Vous pouvez utiliser cette posture pour détendre le dos ! Le mouvement d'ouverture de la hanche permettra de soulager le bas du dos.

LES APPUIS

Vous êtes assise sur le sol, les jambes tendues et jointes, pieds fléchis.
Le dos est long.

L'ALIGNEMENT

Amenez le genou gauche vers la poitrine, puis ouvrez le genou vers la gauche. Vous pouvez placer une brique sous le genou gauche s'il y a un inconfort.

Inspirez, allongez le dos, expirez, penchez-vous vers l'avant. Le nez ne va pas vers le genou, mais vers le pied de la jambe tendue. Le dos reste long.

Vous pouvez plier légèrement la jambe droite si besoin.

Maintenez la posture entre 5 et 10 respirations, puis changez de côté.

Le petit plus

Utilisez la respiration pour approfondir la posture et rester active pendant l'étirement. À l'inspiration, allongez la colonne vertébrale, à l'expiration, penchez-vous un peu plus vers la jambe qui est tendue.

LE PAPILLON

BADDHA KONASANA

Cette posture est idéale pour se recentrer, pour rester immobile quelques instants en se concentrant sur la respiration.

LES APPUIS

Vous êtes assise au sol, les deux jambes pliées, genoux vers l'extérieur et pieds joints.

L'ALIGNEMENT

Il peut être difficile de se tenir avec un dos long dans cette posture. Le niveau de relaxine (l'hormone qui impacte notre souplesse) est plus élevé que la normale. Placez des briques ou coussins sous chaque genou pour éviter de trop tirer sur les ligaments.

Privilégiez un dos long, des épaules ouvertes pour optimiser la respiration. Si vous êtes à l'aise dans la posture, vous pourrez alors commencer à vous pencher vers l'avant en conservant le dos le plus long possible.

Le petit plus

Dans cette posture qui paraît passive, vous pouvez ajouter un élément de travail en contractant les fessiers pour ouvrir les hanches, et pousser les cuisses contre le coussin ou les briques que vous avez placés.

LE SQUAT YOGI

MALASANA

Cette posture est excellente pour booster la digestion et le transit.

LES APPUIS

Vous êtes debout, les pieds écartés sur chaque bord du tapis. Les orteils peuvent être légèrement orientés vers l'extérieur pour plus de confort dans la posture.

L'ALIGNEMENT

Inspirez depuis la posture de la montagne modifiée, c'est-à-dire debout pieds écartés à la largeur du bassin, puis expirez en pliant les jambes en conservant les genoux ouverts. Pliez jusqu'à votre maximum. Vous pouvez laisser les talons se décoller du sol.

Si les talons restent au sol, placez les mains en prière devant la poitrine et utilisez les coudes pour pousser les genoux vers l'extérieur.

Vous pouvez rouler votre tapis et placer vos talons dessus pour plus de confort.

Le petit plus

Si le dos s'arrondit, concentrez-vous sur la respiration, à chaque expiration, allongez un peu plus le dos, comme si la tête était tirée vers le plafond.

LE GRAND ANGLE ASSIS

UPAVISTHA KONASANA

Cette posture est parfaite pour travailler la patience et la gratitude envers le corps : la posture est souvent difficile à réaliser, mais avec la pratique, les yogis voient des progrès et se rendent compte que la régularité dans la pratique fait des merveilles !

LES APPUIS

Vous êtes assise sur le sol, les jambes tendues et en ouverture. Le dos est long, vous êtes en appui sur les ischions.

Le petit plus

Engagez les muscles fessiers en tirant les jambes vers l'extérieur, afin de rester active dans cet étirement.

L'ALIGNEMENT

Les jambes sont tendues ou légèrement pliées. Les pieds sont fléchis, les orteils sont orientés vers le plafond. Le dos est long, les épaules ouvertes. Inspirez et, sur l'expiration, en aspirant le nombril vers la colonne vertébrale, penchez-vous vers l'avant. Le dos reste le plus long possible.

À chaque expiration, descendez un peu plus bas, jusqu'à ressentir un étirement qui reste supportable.

Restez entre 5 et 10 respirations dans cette posture avant de vous redresser.

LA PINCE ASSISE

PASCHIMOTTANASANA

Cette posture permet de travailler la patience et l'immobilité, elle permet aussi de récupérer un peu d'énergie après des journées (et des nuits !) parfois moins reposantes en raison des danses de votre bébé.

LES APPUIS

Asseyez-vous sur le sol, jambes tendues.

Le petit plus

Restez en mouvement dans cette posture en faisant de légers mouvements de haut en bas, à l'inspiration vers le haut pour allonger le dos, à l'expiration vers le bas.

L'ALIGNEMENT

Les pieds sont joints, les orteils vers le plafond. Les jambes sont actives, c'est-à-dire que les muscles des cuisses sont engagés. Tendez les bras le long du corps, mains à plat vers le sol. Les épaules doivent être basses, le dos long. Selon vos proportions, les bras seront plus ou moins tendus.

Inspirez, puis expirez en vous penchant vers l'avant, les mains vont vers les pieds.

LE PIGEON

EKA PADA RAJAKAPOTASANA

Les hanches sont étirées de façon à soulager le dos et les jambes. Cette posture s'adapte à tous les niveaux.

LES APPUIS

Vous êtes en appui sur l'avant de la jambe arrière, et sur la hanche et le tibia de la jambe qui est devant. Partez de la posture à quatre pattes. Les hanches sont en arrière et les épaules aussi. Sur l'expiration, glissez la jambe droite sur le sol, vers l'avant. Décalez le pied vers la gauche. Glissez la jambe gauche en arrière et posez la fesse droite sur le sol.

L'ALIGNEMENT

Le corps aura tendance à se pencher vers la droite. Ramenez-le bien au centre. Si besoin, posez une brique sous la fesse droite.

À chaque expiration, penchez-vous un peu vers l'avant. Allez-y progressivement et en douceur. Adaptez la posture à vos sensations.

Le corps pendant la grossesse n'est plus le même, et il arrive parfois que les yoginis le ressentent particulièrement dans la posture du pigeon.

Le petit plus

Portez votre attention vers le pied arrière, qui aura tendance à rentrer un peu vers l'intérieur. Pointez les orteils vers l'arrière.

SAVASANA AJUSTÉ

Certaines femmes enceintes peuvent s'allonger sur le dos sans inconfort particulier, alors si c'est votre cas, profitez-en ! En cas d'inconfort, des adaptations sont possibles.

LES APPUIS

Partez de la posture de la sirène : assise et penchée légèrement sur un côté, les deux mains au sol. Pour plus de confort, placez un coussin entre les jambes. Sur l'expiration, allongez-vous en déplaçant les mains vers l'avant et en laissant les jambes reposer en arrière. Une fois allongée sur le côté, placez votre coude sous la tête pour la maintenir.

L'ALIGNEMENT

Si vous ressentez un inconfort, vous pouvez placer une couverture pour adoucir les appuis. Gardez la cambrure naturelle de votre dos ; si vous sentez que le dos se cambre, expirez et engagez le bas du ventre pour donner plus de tonus dans le bas du dos et du ventre.

Le petit plus

Prenez du temps pour vous allonger et, à chaque expiration, faites en sorte d'étirer la colonne vertébrale pour qu'elle soit la plus longue possible au moment où tout le corps sera allongé au sol. Pour soulager l'articulation sacro-iliaque, serrer les genoux l'un contre l'autre.

LES SÉANCES

Contraires à des séances de yoga vinyasa classique,

LA SÉANCE GRANDE FATIGUE

Balasana (p. 138) pendant 10 respirations

Pour faire la transition, inspirez, puis expirez. Regardez vers l'avant et redressez le corps vers la posture du quatre-pattes.

Le chat et la vache pendant 10 respirations

Pour faire la transition, inspirez, puis expirez et engagez bien le bas du ventre et soulevez les genoux du sol. S'il ne vous est pas possible de soulever les genoux du sol avec un ventre bien engagé, apportez un peu plus de poids vers les bras pour que l'avant du corps aide à porter le poids du corps.

Le chien tête en bas pendant 5 respirations

Pour faire la transition vers la fente basse, reposez les genoux au sol, inspirez, puis expirez. Amenez votre genou droit vers l'avant. Posez le pied au même niveau que les mains. Sur l'expiration, redressez-vous vers la posture de la fente basse.

Faites le chemin inverse avant de reproduire la même chose du côté gauche.

La fente basse, 5 respirations de chaque côté

Revenez dans la position à quatre pattes après avoir fait les deux côtés. Sur l'expiration, faites glisser le genou droit vers l'avant. Décalez le pied droit vers la gauche. Glissez votre jambe gauche en arrière. Utilisez une brique de yoga si besoin. Reproduisez le mouvement à gauche.

Le pigeon, 5 à 10 respirations

Revenez à la posture à quatre pattes et sur l'expiration, posez les fesses d'un côté pour vous asseoir. Tendez une jambe puis l'autre devant vous.

La pince assise pendant 10 respirations

Pliez ensuite une jambe vers la poitrine pour passer à la posture suivante.

La tête vers le genou pendant 10 respirations

Suivez ensuite les étapes pour vous allonger en savasana.

Savasana pendant au moins 5 minutes

LA SÉANCE POUR SE DÉPENSER EN DOUCEUR

Le chat et la vache pendant 5 respirations

Pour faire la transition, inspirez, puis expirez et engagez bien le bas du ventre et soulevez les genoux du sol. S'il ne vous est pas possible de soulever les genoux du sol avec un ventre bien engagé, apportez un peu plus de poids vers les bras pour que l'avant du corps aide à porter le poids du corps.

Le chien tête en bas pendant 5 respirations

Pour faire la transition vers la fente basse, reposez les genoux au sol, inspirez, puis expirez. Amenez votre genou droit vers l'avant. Posez le pied au même niveau que les mains. Sur l'expiration, redressez-vous vers la posture de la fente basse.

La fente basse à droite pendant 5 respirations

Inspirez depuis la fente basse, puis expirez en aspirant le nombril vers la colonne et en engageant le périnée, soulevez le genou qui est en appui sur le sol.

La fente haute à droite, pendant 3 respirations

Penchez-vous vers la jambe avant. Sur l'expiration, essayez de soulever la jambe arrière pour passer à la posture suivante.

Le guerrier III à droite pendant 2 respirations

Depuis la posture du guerrier III, redressez-vous, la jambe qui est tendue dans les airs passe devant. Reposez le pied au sol, puis passez à la posture de l'arbre.

L'arbre à droite, 4 respirations

Repassez à la position à quatre pattes, puis au chien tête en bas.

Le chien tête en bas, 5 respirations

Pour faire la transition vers la fente basse, reposez les genoux au sol, inspirez, puis expirez et amenez votre genou gauche vers l'avant. Posez le pied au même niveau que les mains. Sur l'expiration, redressez-vous vers la posture de la fente basse.

La fente basse à gauche, 5 respirations

Inspirez depuis la fente basse, puis expirez en aspirant le nombril vers la colonne et, en engageant le périnée, soulevez le genou qui est en appui sur le sol.

La fente haute à gauche, 3 respirations

Penchez-vous vers la jambe avant. Sur l'expiration, essayez de soulever le pied arrière, jambe tendue pour passer à la posture suivante.

Le guerrier III à gauche pendant 2 respirations

Depuis la posture du guerrier III, redressez-vous, la jambe qui est tendue dans les airs passe devant. Reposez le pied au sol, puis passez à la posture de l'arbre.

L'arbre à gauche, 4 respirations

Retrouvez ensuite la posture du chien tête en bas, puis à quatre pattes. Posez les fesses d'un côté pour vous asseoir. Tendez une jambe puis l'autre devant vous.

La pince assise pendant 10 respirations

Suivez ensuite les étapes pour vous allonger en savasana.

Savasana pendant au moins 5 minutes

Trimestre 2

Le deuxième trimestre est souvent associé à un regain d'énergie. Aux alentours de la vingtième semaine d'aménorrhée, il est fréquent de retrouver l'envie de nous dépenser. Le confort est peut-être aussi un peu plus grand, car l'utérus est maintenant remonté (d'abord sous le nombril, puis au-dessus du nombril). Selon la forme de votre ventre, vous pourrez aller plus ou moins loin dans les postures. Il est important d'écouter votre corps et de respecter ses nouvelles limites.

Un regain d'énergie nous permet bien souvent (mais pas toujours) de bouger un peu plus et le ventre n'est pas encore trop gros pour nous gêner.

LA POSTURE DE LA MONTAGNE ET MAINS VERS LE CIEL

TADASANA ET URDHVA HASTASANA

Cet enchaînement est parfait pour travailler la mobilité du diaphragme et les muscles de la colonne vertébrale. Contrairement à l'enchaînement classique, en yoga prénatal, il est recommandé d'inverser les respirations.

LES APPUIS

Vous êtes debout sur le tapis, les jambes droites mais pas en hyperextension. Les pieds sont posés à la même largeur que le bassin.

L'ALIGNEMENT

La colonne vertébrale garde sa courbure naturelle. Si vous sentez que le ventre pèse davantage et accentue la cambrure de votre dos, expirez et aspirez le nombril vers la colonne vertébrale en essayant de redresser légèrement le dos. Imaginez que la tête est aimantée vers le ciel.

Inspirez, puis expirez, levez les bras vers le ciel. Baissez les bras à l'inspiration, levez les bras à l'expiration. Cela permet de suivre le mouvement du diaphragme, il monte à l'expiration comme les bras, et s'abaisse à l'inspiration.

Le petit plus

Imaginez des racines qui poussent sous vos pieds pour plus d'ancrage et de stabilité dans le sol.

LE DEMI-PONT

SETU BANDHASANA

Cette posture donne un coup de pouce au transit et contribue à renforcer vos jambes ainsi que tout le dos.

LES APPUIS

Vous êtes allongée sur le dos, les jambes pliées, les pieds sont posés à plat le plus près possible des fesses.

L'ALIGNEMENT

Lorsque vous vous allongez, utilisez les mêmes étapes que pour savasana (1er trimestre, p. 48). Une fois allongée sur le côté, pivotez tout le corps d'un bloc vers la position allongée sur le dos, les bras sont le long du corps.

Sur l'expiration, pliez une jambe, inspirez et pliez l'autre jambe. Inspirez, puis expirez, soulevez les fesses du sol puis tout le dos vertèbre après vertèbre comme si vous vouliez faire une empreinte de votre dos dans le tapis.

Poussez vos épaules dans le sol et poussez légèrement la tête dans le sol.

Restez pendant au moins 5 respirations, en engageant le bas du ventre à chaque expiration.

Sur l'expiration, enroulez le dos pour le reposer vertèbre après vertèbre sur le sol, le coccyx touche le sol en dernier.

Le petit plus

Gardez les genoux bien alignés avec les chevilles, car ils auront tendance à partir vers l'extérieur.

L'ARBRE

VRKSASANA

Les indications sont les mêmes que pour le 1er trimestre (p. 32). L'équilibre devient de moins en moins facile, vous pouvez donc choisir une option différente afin de rester assurée dans cette posture.

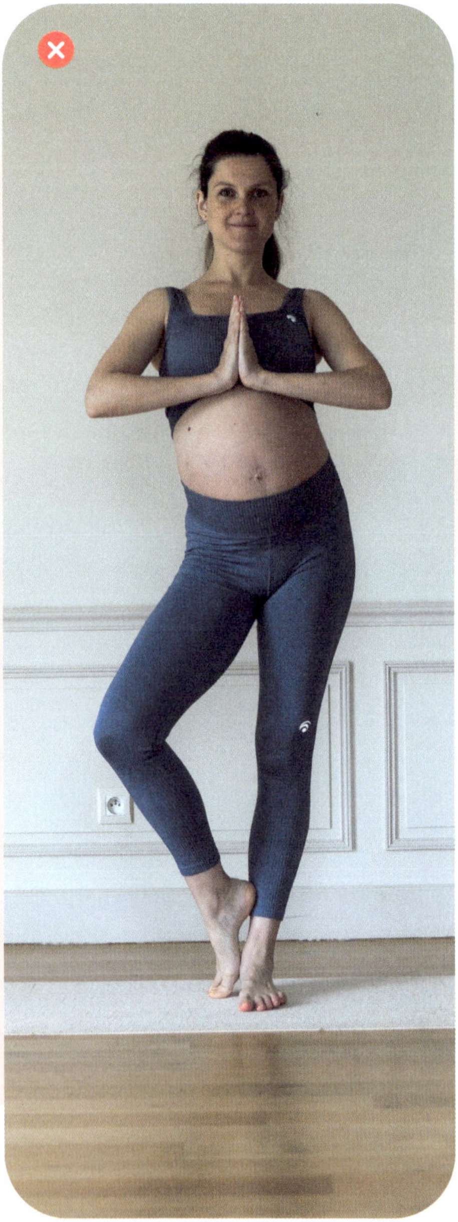

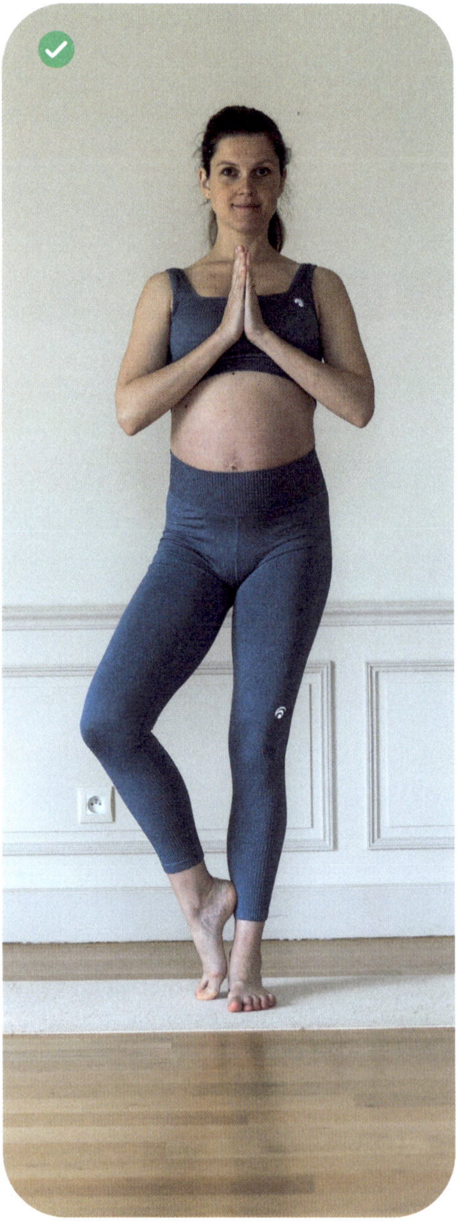

L'AIGLE

GARUDASANA

Il vous sera moins possible de vous pencher vers l'avant avec le ventre qui prend plus de place. Adaptez la posture en allongeant bien la colonne vertébrale et en vous penchant un peu moins vers l'avant si besoin.

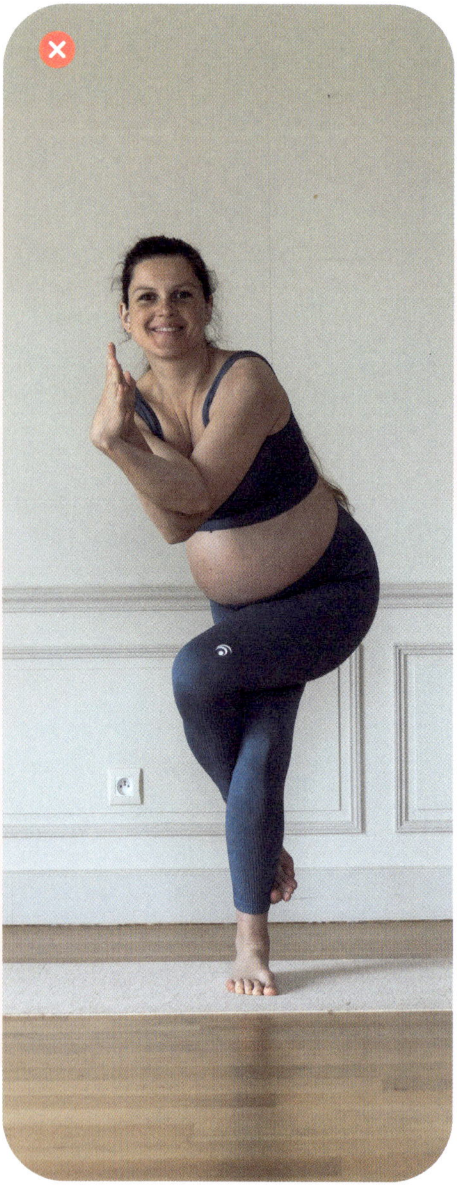

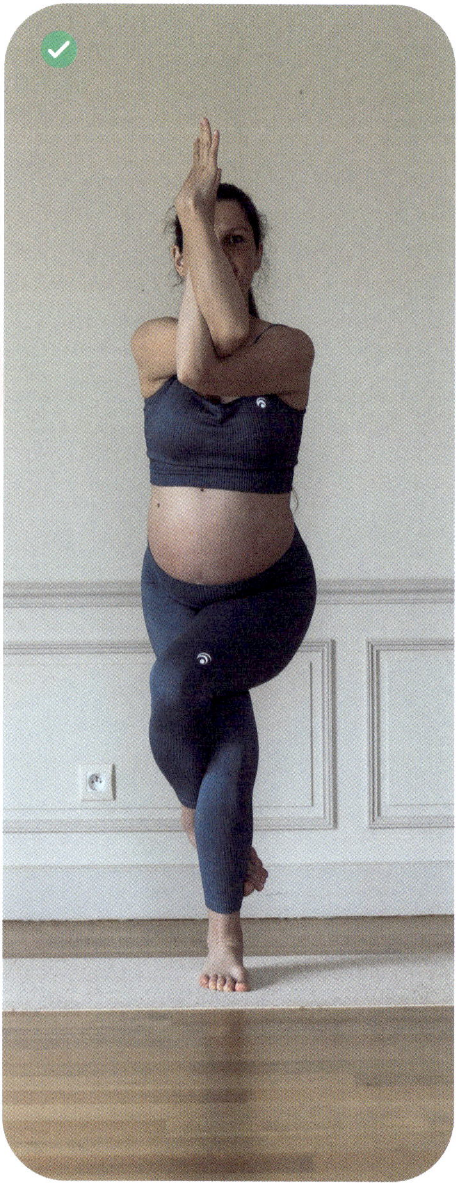

LA FENTE BASSE

ANJANEYASANA

Les indications sont les mêmes que pour le 1er trimestre (p. 28). Les appuis sont peut-être moins confortables, les genoux plus sensibles, vous pouvez donc placer une couverture sous le genou arrière.

LA FENTE HAUTE

ASHTA CHANDRASANA

Les indications sont les mêmes que pour le 1er trimestre (p. 30), mais il faudra certainement adapter votre posture en rapprochant un peu plus les pieds l'un de l'autre.

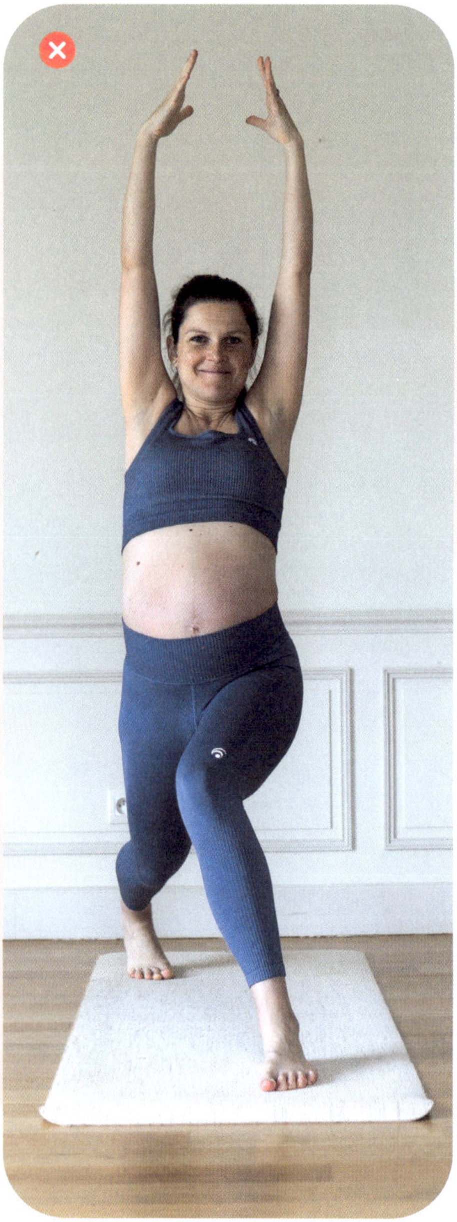

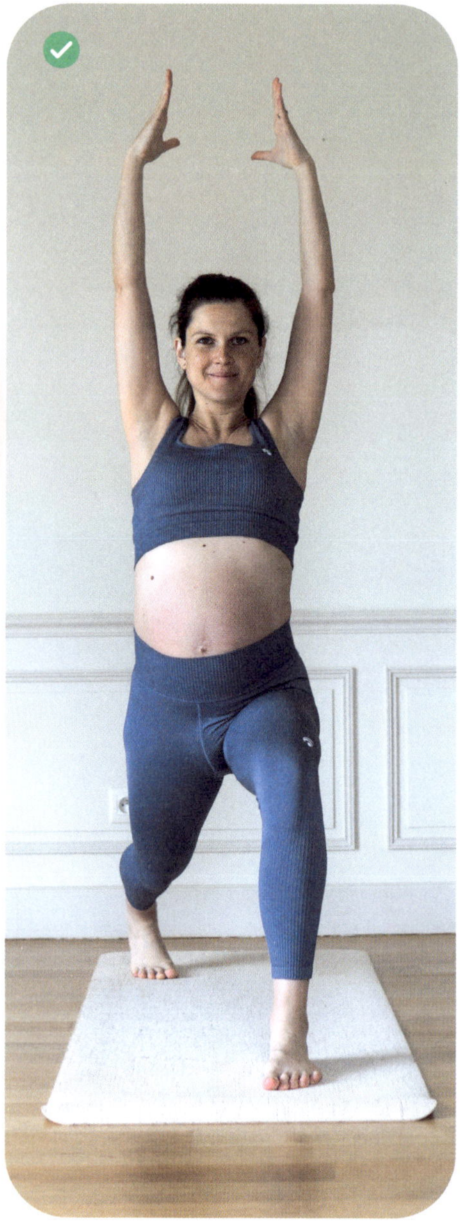

LE GUERRIER I

VIRABHADRASANA I

Les indications sont les mêmes que pour le 1er trimestre (p. 22), mais il faudra certainement adapter en rapprochant un peu plus les pieds l'un de l'autre.

LE GUERRIER II

VIRABHADRASANA II

Les indications sont les mêmes que pour le 1er trimestre (p. 24), mais il faudra certainement adapter en rapprochant un peu plus les pieds l'un de l'autre.

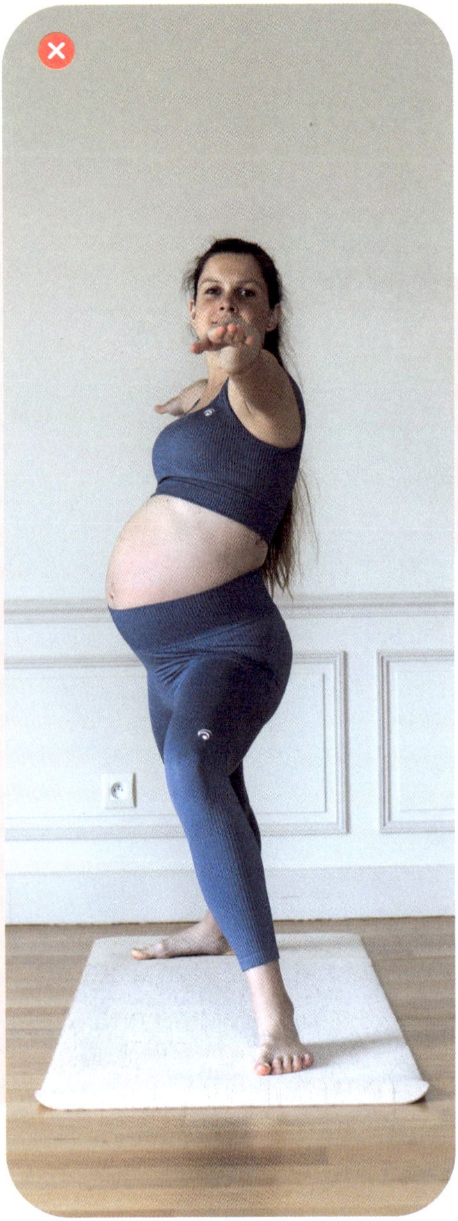

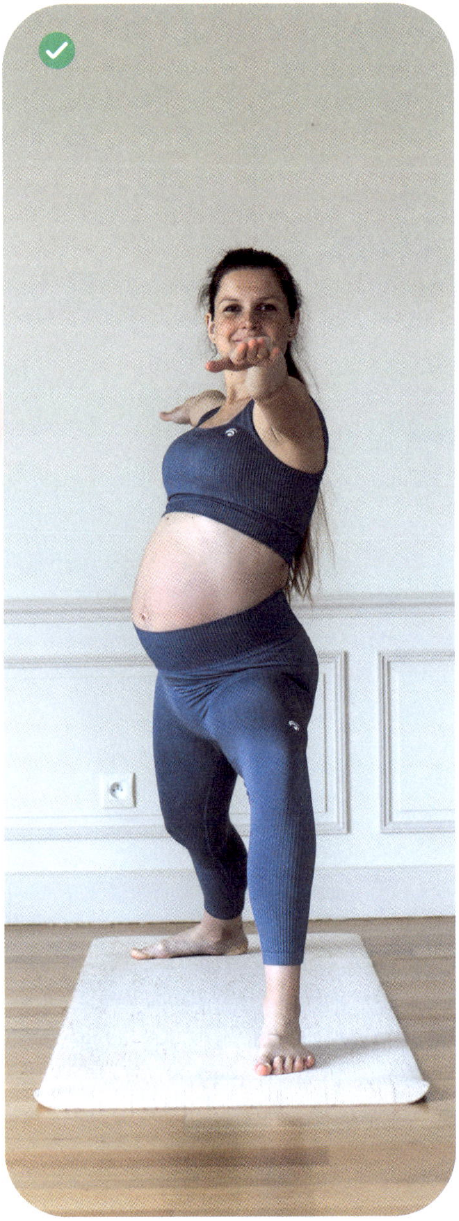

LE TRIANGLE

UTTHITA TRIKONASANA

Le triangle demande un engagement abdominal et entraîne un étirement qui ne m'était pas confortable au 1er trimestre. Nous sommes toutes différentes et il se peut donc que vous tolériez beaucoup mieux la posture. Je la propose au 2e trimestre afin de refléter la pratique que j'ai suivie pendant ma propre grossesse.

LES APPUIS

Vous êtes en appui sur les deux pieds, l'un est à l'avant du tapis, pointé vers l'avant, l'autre est un peu plus en arrière, orienté sur le côté (selon un angle de 90 degrés par rapport au pied avant).

Le petit plus

Imaginez que le corps doit s'aplatir sur un mur imaginaire dans votre dos.

L'ALIGNEMENT

Partez de la posture de la montagne (les deux jambes tendues écartées de la largeur du bassin). Faites un pas en arrière avec le pied gauche. Les deux jambes sont tendues et le buste redressé. Les bras sont tendus, parallèles au sol, le bras droit vers l'avant, le bras gauche vers l'arrière. Étirez la colonne vertébrale vers le haut sur l'expiration. Inspirez, puis expirez en vous penchant le plus loin possible vers l'avant. La main droite vous tire le plus loin possible en avant, jusqu'à la poser sur une brique ou sur la cheville.

Les jambes ne sont pas en hyperextension. Pour vous en assurer, vous pouvez garder une très légère pliure au niveau des deux genoux.

Le regard est orienté vers le plafond ou sur le côté. La nuque est longue.

Restez dans la posture entre 3 et 5 respirations.

LE GRAND ANGLE OUVERT

UTTHITA PARSVAKONASANA

Cette posture demande un engagement abdominal efficace. Si vous commencez la pratique du yoga pendant votre grossesse, assurez-vous de bien maîtriser la respiration avec le périnée engagé.

LES APPUIS

Vous êtes en appui sur les deux pieds. La posture de départ est le guerrier II (p. 24).

L'ALIGNEMENT

La jambe avant est pliée à 90 degrés, la jambe arrière est tendue, les muscles des cuisses sont engagés. Le genou avant est bien aligné avec la cheville.

Évitez de le laisser partir vers l'intérieur.

Le buste est ouvert vers la gauche quand la jambe droite est devant, et vers la droite quand la jambe gauche est devant.
Les bras sont tendus, parallèles au sol, l'un devant, l'autre derrière.

Inspirez, et expirez. Laissez le bras avant vous étirer loin vers l'avant, puis posez le coude sur la cuisse ou la main sur la brique.

Restez entre 3 et 5 respirations, puis changez de côté.

Pour remonter le buste vers le guerrier II, utilisez l'expiration.

Le petit plus

Poussez bien la tranche extérieure du pied arrière dans le sol.

LE HÉROS

VIRASANA

Cette posture n'est pas confortable pour toutes, car les genoux sont en flexion complète, c'est pourquoi il est important de trouver la bonne adaptation. Au fur et à mesure, les genoux se plieront davantage.

LES APPUIS

Vous êtes assise tibias au sol, fesses posées sur les talons, les pieds pointés.

L'ALIGNEMENT

Pour vous placer correctement, utilisez la respiration. Dans un premier temps, videz vos poumons, inspirez, puis expirez en aspirant le bas du ventre vers la colonne vertébrale.

Posez les mains sur vos cuisses, fermez les yeux et restez dans la posture, le dos droit entre 5 et 10 respirations.

Le petit plus

Étirez la nuque, comme si le dessus de la tête était attiré vers le plafond. Orientez le menton légèrement vers le bas, puis vers le haut. Testez plusieurs orientations pour faire bouger les cervicales en douceur.

LE PAPILLON

BADDHA KONASANA

Les indications sont les mêmes que pour le 1er trimestre (p. 38). Si vous aviez l'habitude de rehausser votre assise avec un coussin, préférez rester assise au sol avec des briques sous les genoux. En effet, le ventre pèse de plus en plus lourd et accentue la lordose lombaire. Le bassin rehaussé, vous pourriez avoir tendance à cambrer encore plus le dos.

D'autres auront le dos arrondi, en flexion avant. Dans ce cas, utilisez la respiration pour vous redresser.

LE GRAND ANGLE ASSIS

UPAVISTHA KONASANA

Les indications sont les mêmes que pour le 1er trimestre (p. 42).

Vous irez peut-être moins bas, car le ventre est plus rond.

LA TÊTE VERS LE GENOU

JANU SIRSASANA

Les indications sont les mêmes que pour le 1er trimestre (p. 36). Vous aurez cependant besoin d'orienter le corps légèrement vers l'intérieur de la cuisse pour laisser passer le ventre.

LE PIGEON

EKA PADA RAJAKAPOTASANA

Les indications sont les mêmes que pour le 1er trimestre (p. 46). Même si vous avez l'habitude de pratiquer le pigeon sans accessoires, souvenez-vous que le corps est différent et que les hormones font que les ligaments s'étirent davantage. Vous pouvez profiter de cette souplesse en toute sécurité en adaptant la posture selon vos besoins.

LA TÊTE DE VACHE

GOMUKHASANA

Lorsque nous pensons à étirer les hanches, nous effectuons souvent des exercices d'ouverture. Il est important d'utiliser la tête de vache pour étirer l'extérieur des hanches.

LES APPUIS

Vous êtes assise sur le sol, les jambes pliées devant vous.

L'ALIGNEMENT

L'idée est de ramener les genoux l'un au-dessus de l'autre. Commencez en amenant le talon droit à l'extérieur de la hanche gauche. Vous pouvez vous asseoir sur un bolster ou un coussin.

Placez la jambe droite par-dessus la jambe gauche, le pied droit à l'extérieur de la jambe gauche ou à l'extérieur de la hanche gauche selon vos capacités.

Redressez-vous.

Restez dans la posture entre 5 et 10 respirations, puis changez de côté.

Le petit plus

Serrez les cuisses l'une contre l'autre à chaque expiration, en vous autograndissant.

LA POSTURE DU BÂTON

DANDASANA

Dandasana est la fondation de toutes les postures assises. C'est une préparation pour réaliser les postures telles que la pince assise ou la tête vers le genou.

LES APPUIS

Vous êtes assise, les jambes tendues devant vous, les orteils sont orientés vers le plafond.

L'ALIGNEMENT

Les jambes sont tendues ou légèrement pliées. Redressez-vous, pour vous asseoir sur les ischions. Les bras sont tendus le long du corps, mains à plat sur le sol. Plus le dos sera long, plus les bras pourront se tendre. Restez dans cette posture pendant 3 à 5 respirations pour préparer le dos et les jambes aux postures assises.

LA TORSION ALLONGÉE

SUPTA PARIVARTANASANA

En vous laissant totalement porter par le sol, cette posture peut être un véritable soulagement pour le dos et les organes digestifs. Cette posture n'est pas confortable pour toutes, selon la taille du ventre et les tensions dans le corps.

LES APPUIS

Vous êtes allongée sur le sol. Les jambes sont pliées, les pieds sont posés au sol. Les bras sont ouverts en croix.

L'ALIGNEMENT

Gardez la cambrure naturelle de votre dos, allongez la nuque et relâchez la tête dans le sol. À l'expiration, pivotez les deux genoux vers la gauche, et regardez au plafond, ou vers la droite si c'est possible.

Restez 5 respirations, puis ramenez les deux genoux au centre en expirant et en contractant bien le bas du ventre. Faites la même chose de l'autre côté.

Le petit plus

Placez un coussin entre vos deux genoux pour que la posture soit un peu plus douce et confortable.

LE CHIOT

UTTANA SHISHOSANA

Cette posture est idéale pour améliorer le transit et pour étirer le dos.

LES APPUIS

Vous êtes en appui sur les mains et sur les genoux.

L'ALIGNEMENT

Partez de la posture à quatre pattes. À l'expiration, avancez vos mains et abaissez la poitrine vers le sol. Gardez un angle à 90 degrés entre les cuisses et les mollets.

Avancez les mains autant qu'il faut pour conserver l'angle à 90 degrés. Posez le front au sol.

Restez dans la posture pendant 5 respirations.

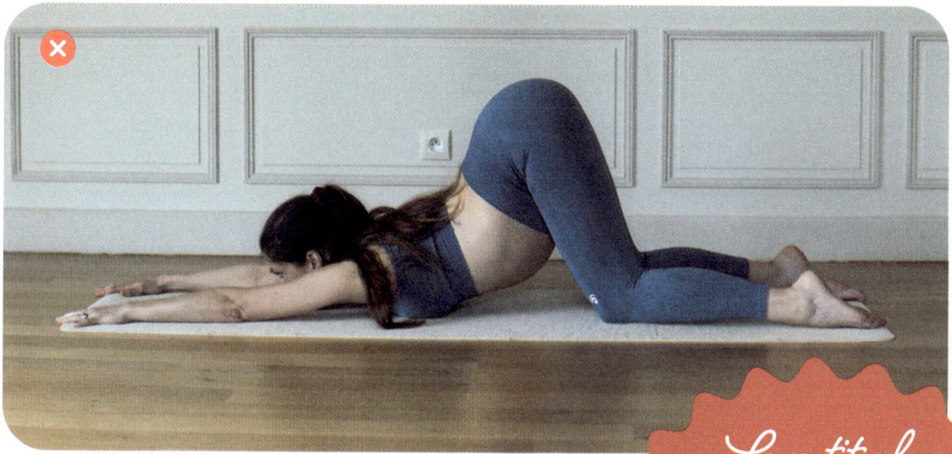

Le petit plus

Poussez vos mains dans le sol pour rester active dans la posture. Vous pouvez aussi amener la main droite sur la main gauche pour étirer le flanc droit et le côlon ascendant. Posez ensuite votre main gauche sur la main droite pour étirer le flanc gauche et le côlon descendant. Si vous sentez un inconfort dans l'installation, rendez-vous à la version de la posture pour le 3e trimestre (p. 98).

LES SÉANCES

Ces deux exemples de séance apportent de la douceur. Si vous avez besoin d'un peu plus d'énergie, ajoutez des postures debout en vous inspirant des séances du 1er trimestre.

LA SÉANCE POUR SOULAGER LE DOS

Le chat et la vache, 5 respirations

Replacez ensuite le dos en position neutre pour avancer les mains vers la posture du chiot.

Le chiot, 5 respirations

Replacez-vous ensuite dans la position à quatre pattes pour faire glisser un genou vers la posture du pigeon.

Le pigeon, 5 respirations

Faites la posture à droite, puis à gauche en bougeant sur l'expiration. Allongez-vous ensuite au sol en suivant les indications pour savasana ajusté : une fois allongée au sol, tournez tout le corps d'un bloc sur l'expiration, pour vous allonger sur le dos.

Le demi-pont, 5 respirations

Une fois que vous avez terminé avec la posture du demi-pont, retournez à nouveau le corps d'un bloc pour passer dans la posture de savasana ajusté.

Savasana, au moins 5 minutes

LA SÉANCE POUR SOULAGER LES HANCHES

Le chat et la vache, 5 respirations

Asseyez-vous ensuite au sol pour passer à la posture suivante.

La tête de vache, 5 respirations

Tendez les jambes devant vous, l'une après l'autre, en les tendant sur l'expiration avec un ventre engagé.

La tête vers le genou, 5 respirations

Faites la posture des deux côtés avant de plier les deux jambes pour la posture suivante.

Le papillon, 5 respirations

Repassez à la posture à quatre pattes pour passer à la posture du pigeon.

Le pigeon, 5 respirations

Suivez les étapes p. 48 pour vous allonger en savasana ajusté.

Savasana, 5 respirations

Trimestre 3

Les postures conseillées pour le 3e trimestre de grossesse sont souvent modifiées, pour les adapter au corps, qui a beaucoup changé. Toutes ces postures seront aussi vos alliées durant le travail, quand les contractions commenceront et que bébé sera en route vers la sortie.

Le ventre est maintenant bien rond. La fatigue est peut-être revenue, et la circulation n'est pas toujours optimale. Les bas de contention sont un *must-have* surtout s'il fait chaud ! Certaines postures peuvent aider, comme nous allons le voir.

Certains exercices permettent d'améliorer la digestion, qui est un peu perturbée.

LA DÉESSE

UTKATA KONASANA

Pour se sentir ancrée et forte. Pendant le travail, cette posture sera votre alliée. Je l'ai beaucoup utilisée après les vingt premières heures de contraction pour me recentrer, pour retrouver du courage et de la force. Imaginez-vous comme une déesse dans cette posture.

LES APPUIS

Vous êtes debout, les pieds sont écartés, orteils vers l'extérieur.

L'ALIGNEMENT

Les jambes sont pliées, les genoux sont tirés vers l'extérieur. Le dos est long. À l'expiration, engagez le bas du ventre et faites un autograndissement.

Placez les mains en prière ou les bras parallèles au sol.

Le petit plus

À la fin du travail, préférez exceptionnellement une version où les pieds sont parallèles l'un à l'autre et non ouverts vers l'extérieur.

LE SQUAT YOGI

MALASANA

Pour ouvrir les hanches et les préparer à l'arrivée de bébé, c'est la posture à pratiquer.

LES APPUIS

Vous êtes en appui sur les pieds, qui sont placés parallèlement l'un à l'autre. Partez de la posture debout, placez les pieds dans une largeur un peu plus grande que les hanches.

L'ALIGNEMENT

Sur l'expiration, aspirez le nombril vers la colonne vertébrale, allongez le dos, puis pliez les jambes pour descendre le plus bas possible. Vous pouvez placer une brique sous les fesses pour aider à soulager les jambes. Ouvrez les genoux vers l'extérieur.

Cette version de la posture, avec les pieds orientés vers l'avant, est souvent plus difficile. Elle étire le dos différemment et ouvre davantage le bas du dos (zone du sacrum). C'est un outil de grande valeur pendant le travail.

Le petit plus

À chaque expiration, allongez le dos en imaginant que la tête est attirée vers le ciel alors que les pieds sont ancrés dans le sol.

LE DEMI-PONT

SETU BHANDESANA

Les indications sont les mêmes que pour le trimestre précédent (p. 54). Il se peut que vous montiez le bassin moins haut, ce qui est normal vu le poids du ventre. Utilisez cette posture pour entretenir les muscles fessiers, les muscles des jambes et les muscles du dos.

LA CHANDELLE MODIFIÉE

SARVANGASANA

Cette posture est idéale pour stimuler la circulation et pour se détendre.

LES APPUIS

Vous êtes allongée au sol, les jambes pliées, pieds posés au sol.

L'ALIGNEMENT

Sur l'expiration, avec un ventre engagé, amenez une jambe contre la poitrine, inspirez puis amenez l'autre jambe sur l'expiration.

Ensuite, tendez les deux jambes vers le plafond. Placez un coussin sous les fesses pour plus de confort.

Maintenez cette posture si elle est confortable, mais n'insistez pas si vous sentez un inconfort. Les postures allongées sur le dos, à ce stade, ne sont pas optimales pour certaines d'entre nous.

Le petit plus

Faites des cercles à partir des chevilles, comme si vous dessiniez des ronds au plafond avec vos gros orteils.

LES POSTURES AVEC LE BALLON

Le ballon est un outil que vous utiliserez pendant le travail, alors profitez-en pour l'apprivoiser dès maintenant. Il aide à soulager le dos, les hanches et le bassin.

LES APPUIS

Les pieds sont bien posés au sol, fermement pour vous maintenir en équilibre.

L'ALIGNEMENT

Le dos est long, en autograndissement. Vous pouvez dans un premier temps apprendre à vous stabiliser et à vous sentir à l'aise sur le ballon, puis vous pouvez faire des mouvements avec les hanches pour soulager le dos. Pendant le travail, ces mouvements permettent d'aider le bébé à faire son chemin vers le bas.

Enfin, vous pouvez placer les mains derrière vous pour ouvrir les épaules et faire de la place dans la cage thoracique.

Le petit plus

Amusez-vous à écrire les lettres de votre prénom avec les mouvements de hanche pour varier les mouvements.

LE HÉROS MODIFIÉ

VIRASANA

Pratiquez cette posture régulièrement pour remédier à la constipation, pour faire de la place dans les côtes et libérer la respiration.

Élevez l'assise autant qu'il faut pour être à l'aise (sur la photo, les hanches sont placées assez basses parce que j'ai l'habitude de faire cette posture, mais elle ne sera pas confortable pour toutes).

LES APPUIS

Vous êtes en appui sur les genoux et les tibias, pieds pointés vers l'arrière. Élevez l'assise avec un ou plusieurs coussins.

L'ALIGNEMENT

Le dos est allongé. Utilisez la respiration pour étirer le dos à chaque expiration. Posez les mains dans votre dos, ouvrez les épaules sans gonfler les côtes et sans cambrer le dos. Ciblez le travail d'ouverture dans le haut du dos.

Le petit plus

Vous pouvez faire de légers mouvements d'avant en arrière avec le bassin pour vous soulager. Bougez uniquement sur l'expiration et en engageant le ventre.

LE CHIOT ACTIF

UTTANA SHISHOSANA

Le fait de changer l'effet de la gravité sur le ventre aide à soulager le dos, et à laisser un peu d'espace aux organes digestifs qui sont comprimés.

LES APPUIS

La préparation est un peu différente à ce stade afin de vous garantir l'alignement optimal. Partez de la posture à quatre pattes. Posez le coude droit à la place de la main droite. Posez ensuite le coude gauche au même niveau.

L'ALIGNEMENT

Les jambes sont pliées à 90 degrés. Poussez activement les mains dans le sol en expirant, et amenez la poitrine vers le sol.

Passez sur le bout des doigts si c'est accessible pour vous, en repoussant toujours le sol pour que les épaules et les pectoraux travaillent.

Le petit plus

Imaginez que les mains vous attirent vers l'avant et que les hanches vous attirent vers l'arrière.

LE COBRA MODIFIÉ

BHUJANGASANA

L'ouverture des épaules et l'extension de la colonne vertébrale apportent beaucoup de soulagement dans le haut du corps, qui a tendance à être attiré vers l'avant.

LES APPUIS

Cette posture ne sera pas accessible à toutes, l'essentiel est d'être à l'aise et de ne pas s'appuyer sur le ventre.

L'ALIGNEMENT

Placez un coussin à l'endroit où vos hanches se poseront. À partir de la posture à quatre pattes, inspirez puis expirez en engageant le ventre et amenez en même temps le bassin vers le sol et le buste vers l'avant. Les bras peuvent se plier légèrement pour rendre la posture plus accessible. Il s'agit d'une grande extension de la colonne vertébrale et elle ne sera pas accessible à toutes.

Évitez de forcer le corps dans cette posture.

Gardez les épaules éloignées des oreilles. La nuque est longue, le regard est vers l'avant.

Restez 5 respirations dans la posture et revenez à la posture à quatre pattes sur l'expiration en aspirant le nombril vers la colonne vertébrale.

LES EXERCICES DE RESPIRATION

Pour ce 3e trimestre, préférez des séances plus courtes en sélectionnant deux ou trois postures, tous les choix sont bons. Ensuite, travaillez sur votre respiration au quotidien si cela est possible. Les poumons sont un peu comprimés, et ils ne sont d'ailleurs pas les seuls. Les organes du ventre le sont aussi. Les exercices de respiration nous aident à faire de la place dans l'abdomen, en plus d'être un excellent outil pour se calmer, pour s'apaiser. Il est normal d'être essoufflée pendant la grossesse. Petit mot pour les yoginis qui pratiquaient avant de devenir enceintes : l'idée n'est pas de réaliser des pranayamas (exercices de respiration). C'est plutôt de créer de l'espace dans la cage thoracique et de faire bouger le diaphragme.

LA FIT (FAUSSE INSPIRATION THORACIQUE)

Certaines mamans pourront la faire tout au long de la grossesse. Pour ma part, j'ai eu beaucoup de mal à la faire au 1er trimestre, car le bas de mon ventre était comme engourdi. Au 2e trimestre, c'était assez désagréable, car mon ventre était tendu.

Au 3e trimestre, le ventre s'est détendu et j'ai pu les faire. Pourquoi je vous raconte cela ? Pour illustrer, une fois encore, que nous sommes toutes différentes et que nous pouvons toutes adapter notre pratique.

La fausse inspiration thoracique, technique mise au point par le Dr Bernadette de Gasquet, est très utile après l'accouchement, elle peut aider à faire sortir le placenta, et elle aide à renforcer les muscles.

Comment faire ?

Installez-vous dans la posture du héros ou allongée sur le dos, jambes pliées et pieds posés au sol. Le dos garde une courbure naturelle. parce que c'est ainsi qu'il sera amené à se mouvoir dans la vie de tous les jours. Le plaquer au sol n'est donc pas conseillé. Placez les mains sur vos hanches.

Expirez et inspirez normalement plusieurs fois. Inspirez, puis expirez en vidant complètement les poumons. Bloquez votre respiration (vous pouvez boucher votre nez avec une main si cela vous aide). Faites comme si vous inspiriez (mais n'inspirez pas d'air), le ventre rentre vers la colonne vertébrale. Tenez quelques secondes puis inspirez à nouveau, avec contrôle. Ne prenez pas une inspiration soudaine. Si vous en ressentez le besoin, alors tenez la fausse inspiration moins longtemps.

Refaites la même chose pendant plusieurs cycles (3 au début et jusqu'à 8 cycles au maximum).

Vous pouvez aussi réaliser la même respiration en décubitus latéral (voir savasana ajusté p. 48).

LA RESPIRATION CARRÉE EN 5 TEMPS

Cette respiration a été mon alliée pendant les temps de pause entre les contractions. Elle est énergisante et elle permet de rester concentrée sur ce que l'on fait.

Comment faire ?

Installez-vous dans la posture du héros modifié (p. 96) ou assise en tailleur.

Expirez tout l'air que vous avez dans les poumons.

Inspirez en comptant jusqu'à 5.

Retenez votre souffle en comptant jusqu'à 5.

Expirez en comptant jusqu'à 5.

Retenez votre souffle en comptant jusqu'à 5.

Inspirez… Continuez ainsi pendant 3 à 5 cycles.

Il est important de garder une respiration homogène et de laisser le ventre se gonfler à l'inspiration. L'inspiration ne va pas dans les côtes, ce n'est donc pas la cage thoracique qui doit se gonfler pendant l'inspiration. Si vous sentez que le souffle reste haut, que les épaules se crispent à l'idée de retenir ensuite le souffle, entraînez-vous en faisant simplement des inspirations et des expirations sur 5 temps.

YOGA *postnatal*

Félicitations, vous êtes maintenant maman !
Le yoga postnatal vous aidera à retrouver en douceur des sensations dans votre corps, après le grand événement et les chamboulements qu'il a connus. Un accouchement par voie basse peut, dans certains cas, amener des sensations nouvelles au niveau du plancher pelvien (périnée). Un accouchement par césarienne apportera plutôt une sensation au niveau de la cicatrice. Le yoga postnatal sera donc à adapter en fonction de votre accouchement.

Si vous avez eu une déchirure, ou une épisiotomie, les sensations pourront aussi être plus fortes.

Par exemple, j'ai vécu un accouchement très long (trente-deux heures de travail !), et j'ai poussé pendant plus de soixante minutes avant que l'on finisse par me faire une épisiotomie. Il m'a fallu plusieurs semaines avant de pouvoir sentir mon périnée. Le corps subit un chamboulement, et il faut adapter notre pratique en fonction de nos ressentis. Chaque accouchement est différent, chaque femme est différente. S'il y a bien une période pendant laquelle nous ne devons pas nous comparer aux autres, c'est en post-partum (encore plus que d'habitude).

Tous les exercices qui vous sont proposés ici pourront être faits à votre rythme, leur moment de réalisation n'est qu'une indication variable. J'ai par exemple trouvé que certains cours de yoga postnatal prévus pour après 6 semaines étaient un peu difficiles pour moi.

Continuez la même séance jusqu'à ce que vous soyez pleinement à l'aise, en faisant confiance à votre corps, qui s'adaptera à son rythme.

LES EXERCICES À FAIRE DÈS LE RETOUR À LA MAISON

Le plus important à ce stade est de préserver le périnée, de le renforcer afin de pouvoir continuer à bouger en toute sécurité. La sensation de pression vers le bas qui suit un accouchement est tout à fait normale. Un travail assidu du périnée avec la respiration et des mouvements simples et bien réalisés fera toute la différence.

LE DIAMANT ET LA VISUALISATION DU PÉRINÉE

La première étape va être de retrouver les sensations dans votre périnée. Si vous avez accouché par césarienne, votre périnée sera moins impacté et vous pourrez le sentir se contracter plus facilement que si vous avez accouché par voie basse. Si vous avez accouché par voie basse, il vous faudra visualiser le périnée se contracter, car il se peut que vous ne sentiez pas qu'il se contracte, ou il se peut que vous ne parveniez pas à le contracter. La visualisation est donc votre première étape.

La respiration en diamant permet de visualiser son périnée en train de s'engager. Pourquoi un diamant ? Parce que nous pouvons imaginer la forme de losange avec l'os du pubis comme la pointe supérieure, les ischions de chaque côté (les os sur lesquels nous nous asseyons quand nous nous tenons bien droites), la pointe inférieure avec le coccyx.

Certains utilisent aussi l'image de l'horloge, avec midi en haut, 6 heures en bas, 3 heures et 9 heures sur les côtés.

Comment faire ?

Dans un tout premier temps, imaginez simplement que vous ramenez les quatre points décrits vers le centre. Au tout début, il y a des chances pour que vous ne sentiez pas votre périnée se contracter. La visualisation vous aidera déjà beaucoup. Au fil du temps, vous retrouverez de plus en plus de sensations.

Faites cet exercice 3 fois par semaine pendant 5 minutes jusqu'à retrouver plus de sensations lorsque vous contractez votre périnée. Si vous maîtrisez déjà, alors vous pouvez passer aux exercices suivants.

L'ENGAGEMENT DU MUSCLE TRANSVERSE ET DU PÉRINÉE SUR L'EXPIRATION

Nous évoquons ici les deux en même temps, parce qu'ils fonctionnent en synergie.

Quand vous rentrez le bas de votre ventre, le périnée remonte. Lors de la rééducation du périnée, nous apprenons à le préserver pour réaliser correctement les gestes du quotidien. En effet, le simple fait de tousser, éternuer, rire, exerce une pression qui peut être ressentie dans le bas du ventre ou au niveau du vagin.

Un bon engagement musculaire vous permettra de préserver le corps, plus précisément le ventre, lorsque vous portez votre bébé, lorsque vous restez debout longtemps, lorsque vous vous relevez, etc.

Dans la pratique du yoga, il sera essentiel de bien rentrer le bas de son ventre pour engager le muscle transverse et faire remonter le périnée. En yoga postnatal, nous irons même plus loin en engageant le périnée, avec une expiration qui fera rentrer le bas du ventre vers la colonne. Vous pouvez vous entraîner, dans un premier temps, allongée avec les jambes pliées.

Cet exercice est très important, car il constitue le socle de tout le reste du travail que vous allez effectuer ensuite avec les postures de yoga et les exercices de renforcement. C'est cette même respiration que vous utiliserez.

Comment faire ?

Allongez-vous sur votre tapis ou sur votre lit, rentrez le bas du ventre et pliez une jambe puis l'autre. Évitez de plier les deux en même temps, cela pourrait exercer une pression vers l'extérieur au niveau du ventre.

Allongez bien la nuque.

Expirez en contractant le périnée. En même temps que vous expirez, rentrez le bas du ventre sans trop faire ressortir les côtes.

Tenez quelques instants avant d'inspirer à nouveau en relâchant complètement les muscles.

Lors de vos premiers essais, répétez l'exercice 5 fois au maximum. Vous pourrez, au fil des semaines et selon vos ressentis, en faire davantage en bougeant (voir les postures de yoga postnatal, p. 110).

Vous pouvez, si vous ne réussissez pas cet exercice au bout de plusieurs tentatives, commencer par expirer en rentrant le bas du ventre seulement.

Pour commencer, faites cet exercice allongée. Vous pourrez ensuite le refaire dans des postures de yoga que nous verrons plus loin.

LE SERRAGE DU BASSIN

Dans plusieurs traditions, les femmes bénéficient de soins d'autres femmes déjà devenues mères, afin d'apaiser d'éventuelles douleurs liées à l'accouchement. Le serrage du bassin fait partie de ces soins, et c'est la tradition mexicaine qui est la plus connue dans ce domaine avec le soin Rebozo. Une longue écharpe tissée d'une façon spécifique sert à entourer le bassin. Les femmes travaillent par deux pour réaliser les nœuds qui maintiendront le bassin de la jeune maman. Vous pouvez réaliser ce serrage toute seule, même s'il n'aura certainement pas la même efficacité qu'un soin traditionnel Rebozo.

Comment faire ?

Allongez-vous sur le dos, les deux pieds au sol, jambes pliées.

Passez votre sangle de yoga ou un foulard sous votre bassin. Faites un nœud autour de votre bassin et serrez afin de sentir que votre bassin est maintenu par le foulard ou la sangle.

Si vous utilisez une sangle de yoga, placez-la précisément sur les os du bassin. Elles sont fines et doivent donc être placées plus précisément qu'un foulard, qui couvrira plus la zone en question.

Pendant ce temps, profitez-en pour faire quelques fausses inspirations thoraciques (voir l'exercice suivant).

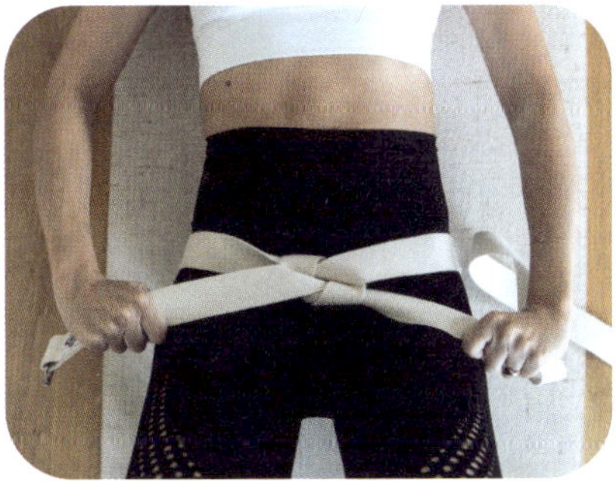

LA FIT (FAUSSE INSPIRATION THORACIQUE)

Passons au niveau supérieur, avec les fausses inspirations thoraciques. J'ai modifié cette technique pour la rendre plus efficace et respectueuse de notre anatomie.

Cet exercice respiratoire permet de stimuler la circulation dans la zone du ventre et de l'utérus, il permet également de mobiliser le périnée en douceur. L'idée est d'aider les organes à retrouver leur place initiale tout en les massant. C'est pour cela que c'est aussi un exercice connu pour aider en cas de constipation.

En faisant une fausse inspiration, le ventre rentre et pousse donc les viscères vers l'intérieur. Ils sont légèrement comprimés, ce qui a l'effet d'un nettoyage sur l'ensemble des organes.

Comment faire ?

Allongez-vous sur votre tapis, pliez une jambe puis l'autre. Évitez de plier les deux en même temps, cela pourrait exercer une pression vers l'extérieur au niveau du ventre.

Allongez bien la nuque. Placez une main sur le ventre, l'autre prête à boucher votre nez.

Inspirez puis contractez le périnée en expirant, rentrez le bas du ventre.

Bouchez votre nez, fermez votre bouche et faites comme si vous inspiriez, mais l'air ne passe pas. Le ventre rentre alors vers la colonne.

Entraînez-vous, et quand vous êtes à l'aise, ajoutez un nouvel élément : les côtes ne doivent pas aller vers l'extérieur pendant la fausse inspiration. Elles restent bien en place.

Tenez quelques instants avant d'inspirer à nouveau en relâchant complètement les muscles. Recommencez plusieurs fois. 5 fois suffisent au début.

UN POINT SUR LA RESPIRATION

Pour chaque exercice, nous bougeons sur l'expiration et nous restons immobiles sur l'inspiration.

La mise en place

La mise en place nous permet de bien nous placer, avec le muscle transverse engagé. Selon l'exercice à réaliser, nous nous placerons à genoux, allongée, assise, et nous expirerons par la bouche. Si vous préférez conserver la respiration classique en yoga (par le nez), vous pouvez tester les deux pour ressentir la différence. Avec l'expiration par la bouche, nous pouvons engager plus efficacement le bas du ventre, car il n'y a pas de résistance sur l'air qui sort. Exceptionnellement, pendant la période postnatale, c'est cette respiration qui est conseillée avant de revenir à la respiration classique en yoga.

La colonne conserve sa courbure naturelle, nous ne voulons pas plaquer le dos dans le sol en position neutre, car ce n'est pas ainsi que notre dos sera placé naturellement dans les gestes du quotidien. Nous voulons donc travailler avec la courbure que notre dos aura ensuite au quotidien.

L'inspiration

La respiration classique en yoga est une respiration abdominale. Le ventre se gonfle à l'inspiration et se dégonfle à l'expiration.

Ici, nous faisons un travail un peu différent après la mise en place, car le ventre doit rester engagé. Nous inspirons donc plus haut, dans les côtes. Imaginez un cerceau autour de vos côtes, que vous voulez élargir de toutes parts quand vous inspirez. Les côtes s'élargissent devant et derrière, et surtout sur les côtés.

Pendant cette inspiration, nous ne bougeons pas et le ventre reste engagé.

Le mouvement

Après l'inspiration, nous expirons en resserrant le ventre et en faisant le mouvement souhaité selon l'exercice (lever une jambe, soulever un pied, un genou…).

Nous inspirons ensuite sans bouger, dans les côtes, le ventre engagé. Nous pouvons ensuite sortir de la posture, ou rester en continuant la même respiration jusqu'à 5 respirations.

Sortir de la posture ou de l'exercice

Après la dernière inspiration, nous expirons en sortant de la posture, le ventre est serré une dernière fois en reposant le pied, le genou ou autre.

Une fois que la posture est terminée, nous inspirons en laissant le ventre se gonfler. Cette étape est très importante, car elle permet de le détendre et d'éviter qu'il soit trop crispé.

L'inspiration se fait avec contrôle. Nous ne prenons pas une inspiration soudaine.

Ces règles peuvent paraître très pointilleuses : elles le sont effectivement et c'est pour une bonne raison. Elles permettent de travailler efficacement sur le renforcement du muscle transverse et du périnée, afin de continuer ensuite le travail de renforcement du muscle grand droit en toute sécurité.

Postures 1

Vous pouvez commencer à réaliser ces postures une semaine après l'accouchement, en conservant bien à l'esprit la respiration avec le muscle transverse engagé.

LE QUATRE-PATTES

BHARMANASANA

Cette posture permet de retrouver la sollicitation des poignets et les appuis sur les genoux. Elle soulage le dos, car l'effet de la gravité est modifié. Elle vous permet également de commencer le travail d'engagement du muscle transverse en toute sécurité.

LES APPUIS

Vous êtes en appui sur les mains et sur les genoux et les tibias, pieds pointés ou fléchis (selon votre préférence personnelle).

L'ALIGNEMENT

Les épaules sont au-dessus des poignets, les hanches sont au-dessus des genoux. Sur l'expiration, allongez bien la colonne vertébrale et rentrez le bas du ventre vers celle-ci. Inspirez dans les côtes, en imaginant un cercle autour de vos côtes qui s'élargit à l'inspiration. Vos côtes s'élargissent donc également sur les côtés et vers l'arrière.

Le petit plus

Maintenez le ventre engagé avec la respiration expliquée avant (voir « Un point sur la respiration » p. 109), pendant 2 respirations et augmentez progressivement à chaque entraînement, en allant jusqu'à 5 respirations.

LA TÊTE DE VACHE

GOMUKHASANA

Cette posture permet d'étirer les hanches, les cuisses et le haut du corps. C'est un moyen efficace de contrer la position que nous avons tendance à adopter quand nous portons notre bébé – dos rond, épaules avachies vers l'avant.

LES APPUIS

Vous êtes en appui sur les tibias et sur les fesses.

Le petit plus

Peu de personnes peuvent joindre les mains en prière. Il est essentiel d'adapter, car cette posture n'est pas toujours accessible après un accouchement, notamment s'il y a des points de suture à la suite d'une épisiotomie ou d'une déchirure. Si c'est le cas, vous pouvez attendre un peu avant de la réaliser.

L'ALIGNEMENT

Placez-vous dans la posture à quatre pattes. Avancez le genou droit vers l'avant en expirant et en rentrant le bas du ventre vers la colonne. Décalez le genou droit légèrement vers la gauche, et le pied droit le plus à gauche possible. Reculez ensuite votre genou droit pour le placer devant le genou gauche, et asseyez-vous sur une brique ou au sol. Le dos reste le plus long possible pendant toute la posture.

Les deux hanches reposent bien au sol.

Levez les bras devant vous, croisez le bras droit sous le bras gauche. Pliez les coudes et joignez les mains si possible.

LE CHAT ET LA VACHE MODIFIÉS

MARJARIASANA ET BITILASANA

Cet enchaînement est l'un des plus connus en yoga et pour cause, il soulage le dos même après un accouchement.

LES APPUIS

Vous êtes en appui sur les mains et les genoux, les tibias et les pieds.

L'ALIGNEMENT

Placez-vous à quatre pattes, les mains légèrement en avant des épaules et les hanches légèrement en arrière des genoux. Il y a donc un angle inférieur à 90 degrés entre les fémurs et la colonne vertébrale.

Bougez uniquement sur l'expiration, en vous concentrant sur la sensation de longueur dans le dos. Il ne s'agit pas ici de cambrer ou d'arrondir le dos au maximum, mais plutôt de sentir que le dos est allongé et étiré.

Inspirez, engagez votre périnée et expirez, en cambrant le dos, en tirant les épaules vers l'arrière et en amenant le regard devant vous.

Restez 1 ou 2 respirations, ressentez l'étirement, puis expirez en contractant le périnée et arrondissez le dos. Amenez votre regard vers vos genoux, repoussez le sol avec vos mains et concentrez-vous sur la sensation de dos long.

Répétez cela une dizaine de fois.

Le petit plus

Vous pouvez également rester dans l'ouverture (dos cambré) pendant plusieurs respirations avant de changer de position. Idem pour la fermeture (dos rond). Cela vous permettra d'étirer le dos, la cage thoracique et le ventre.

Postures 2

Vous pouvez réaliser ces postures deux semaines après l'accouchement. Les mêmes règles sur la respiration s'appliquent ici (voir p. 109 « Un point sur la respiration »).

LE CHIOT

UTTANA SHISHOSANA

Cette posture vous permettra de sentir un bon étirement dans les épaules. En la réalisant dans le contexte du post-partum, nous nous concentrons principalement sur l'étirement des épaules et nous ne creusons pas trop le bas du dos.

COMMENT FAIRE ?

Installez-vous à genoux sur le tapis, dans la posture de la table sur les coudes, c'est-à-dire à quatre pattes, les coudes sous les épaules.

Avancez votre coude pour le placer là où se trouve votre poignet droit. Faites de même avec le coude gauche.

Si besoin, avancez un peu plus vos mains. Conservez un angle à 90 degrés entre vos tibias et fémurs.

Posez le front au sol.

Restez dans la posture entre 5 et 10 respirations.

LE DEMI-PONT

SETU BHANADASANA

Cette posture inversée vous permettra d'alléger la charge sur le périnée, et de le renforcer avec la respiration adaptée (engagement du périnée sur l'expiration).

LES APPUIS

Vous êtes en appui sur les pieds, sur le haut du dos et les épaules. Pour la version postnatale, évitez d'enlacer les doigts comme nous le faisons traditionnellement afin de ne pas être tentée de pousser dans le sol. Cela permettra d'utiliser la force de la chaîne musculaire postérieure.

L'ALIGNEMENT

Allongez-vous sur le sol en passant bien par le côté et en pivotant tout le corps d'un bloc sur le dos.

Sur l'expiration, en engageant le ventre, pliez une jambe et placez le pied au même niveau que le genou de la jambe qui est encore tendue. Sur la prochaine expiration, pliez l'autre jambe, les deux pieds sont l'un à côté de l'autre, posés à la largeur des hanches.

Le dos, jusqu'à la nuque, garde la cambrure naturelle. Évitez de trop ramener le menton vers la poitrine.

Inspirez, puis engagez le périnée et expirez, soulevez les fesses du sol en poussant bien dans les talons. Inspirez à nouveau en haut de la posture, puis engagez le périnée, expirez et redescendez les fesses en maîtrisant le mouvement.

Au tout début, 2 enchaînements vous suffiront peut-être. Entraînez-vous jusqu'à vous sentir à l'aise avec au moins 5 répétitions.

Après 4 semaines

Tous les exercices que nous avons vus juste avant doivent être continués après les quatre semaines, mais il est aussi possible d'ajouter des exercices qui sollicitent un peu plus les abdos et le dos.

Lorsque vous effectuez les exercices, assurez-vous que le ventre ne pousse pas vers l'extérieur. Pour cela, appliquez soigneusement les règles sur la respiration (voir p. 109 « Un point sur la respiration »).

LA TABLE EN ÉQUILIBRE

DANDAYAMANA BHARMANASANA

Plusieurs étapes sont à travailler avant de réaliser la posture finale. Ces étapes permettent aux muscles du ventre de se rééduquer progressivement et en douceur.

LES APPUIS

Vous êtes en appui sur les genoux et sur les mains. Poussez les doigts dans le sol afin de ne pas faire supporter tout le poids sur le talon des mains.

L'ALIGNEMENT

Les épaules sont au-dessus des poignets, les hanches au-dessus des genoux. Le regard est sur le sol devant le visage, la tête est dans le prolongement de la colonne vertébrale.

À l'expiration, engagez le muscle transverse en rentrant le bas du ventre vers la colonne vertébrale.

Inspirez dans la cage thoracique, en imaginant un cercle tout autour de la cage thoracique qui s'agrandit (vous respirez donc aussi sur les côtés).

Expirez, serrez davantage le ventre et tendez la jambe droite vers l'arrière, puis reposez le genou sur la même expiration. La hanche ne se soulève pas quand la jambe se tend.

Inspirez normalement en laissant le ventre se relâcher. Respirez quelques cycles avant de recommencer avec la jambe gauche.

Le ventre reste tonique et rentré quand la jambe se tend, le dos ne se cambre pas.

Après avoir bien entraîné le corps à faire cela, vous pourrez tendre la jambe dans les airs, en conservant la même respiration et le même alignement.

Enfin, vous pourrez tendre la jambe et tendre le bras opposé à la jambe vers l'avant, toujours avec la même respiration et le même alignement. L'épaule du bras qui se tend reste dans le même alignement, elle ne doit pas se soulever.

Le petit plus

Après avoir entraîné le corps progressivement à ces différents exercices, tentez de tenir plusieurs respirations avec la jambe et le bras tendus.

LA PLANCHE SUR LES GENOUX

Une fois que la table en équilibre est bien maîtrisée, la planche sur les genoux permettra de recruter davantage le muscle grand droit.

LES APPUIS

Vous êtes en appui sur les mains et sur les genoux. Les épaules sont alignées avec les poignets. La tête est dans le prolongement de la colonne vertébrale.

L'ALIGNEMENT

Partez de la posture à quatre pattes. Expirez et engagez le muscle transverse. Inspirez dans la cage thoracique en élargissant le cercle imaginaire autour de vos côtes. Expirez en serrant davantage le ventre et marchez les mains vers l'avant. Alignez bien les épaules avec les poignets. Inspirez dans les côtes, expirez en serrant le ventre et marchez les mains en arrière pour revenir dans la position à quatre pattes. Inspirez normalement, sans prendre une inspiration trop brutale. Recommencez entre 3 et 6 fois.

Modulez l'effort en fonction de vos capacités. Si vous sentez que le ventre pousse vers l'extérieur, ou si vous sentez un poids sur le périnée, n'avancez que très peu les mains, voire pas du tout, jusqu'à vous sentir à l'aise avec la respiration et la position.

Le petit plus

Lorsque vous vous sentirez plus à l'aise, tendez un genou sur l'expiration, puis l'autre pour réaliser la planche.

LA FENTE BASSE ADAPTÉE

ANJANEYASANA

Dans cette version de la fente basse, nous n'allons pas aussi loin que dans la version traditionnelle, l'idée étant de s'approprier la respiration dans une posture autre qu'à quatre pattes ou allongée.

LES APPUIS

Partez de la posture de la montagne (debout, jambes tendues) à l'avant du tapis. Sur l'expiration, faites un pas en arrière et pliez la jambe jusqu'à poser le genou au sol. Adaptez en plaçant une couverture sous le genou si besoin. Vous êtes en appui sur un pied et sur la pointe de l'autre jambe.

L'ALIGNEMENT

L'objectif n'est pas d'aller le plus loin possible dans l'étirement. Préférez réduire l'angle d'ouverture entre la jambe avant et la jambe arrière. Poussez les deux pieds dans le sol et, sur l'expiration, en engageant le ventre, faites comme si vous vouliez ramener les deux pieds l'un vers l'autre. Ainsi, les muscles des jambes se contractent. À chaque expiration, allongez la colonne vertébrale, pour pratiquer l'autograndissement que vous devrez ensuite conserver dans votre pratique habituelle.

Le regard est vers l'avant. Les épaules sont basses. Les mains sont sur les hanches.

Restez 5 respirations, puis revenez à l'avant du tapis sur l'expiration (en un grand pas ou plusieurs petits pas).

Faites la même chose de l'autre côté.

LE CRUNCH

Le crunch est-il à proscrire ? Il a mauvaise presse, mais la méthode correcte vous permettra de le réaliser en toute sécurité. Le crunch a son utilité, s'il est bien effectué, pour commencer à renforcer le muscle grand droit.

LES APPUIS

Vous êtes allongée sur le dos, les pieds posés au sol. Le dos garde sa cambrure naturelle.

L'ALIGNEMENT

Commencez dans la position allongée avec les jambes pliées. Il est tentant de plaquer le dos dans le sol, mais il est important de conserver la courbure naturelle du dos.

Allongez la colonne le plus possible. Cela permet de renforcer les muscles dans leur placement naturel dans la vie de tous les jours.

Placez les mains près de la tête, les coudes sont dans votre champ de vision.

Sur l'expiration, rentrez le nombril vers la colonne vertébrale, allongez la colonne vertébrale, pour engager le muscle transverse.

Inspirez dans les côtes. Expirez, resserrez le ventre et soulevez la tête ainsi que les épaules jusqu'à la pointe des omoplates.

Inspirez dans les côtes, puis descendez sur l'expiration, en serrant à nouveau le ventre. Relâchez délicatement le ventre sur l'inspiration.

Répétez entre 3 et 8 fois cet exercice pour progresser.

Le petit plus

Amenez le regard vers les genoux quand vous montez le haut du corps.

LA TABLE GENOUX DÉCOLLÉS

Cet exercice qui renforce l'ensemble du corps peut être réalisé une fois que les précédents sont maîtrisés.

LES APPUIS

Vous êtes en appui sur la pointe des pieds et sur les mains. Les mains sont sous les épaules, les genoux pliés à 90 degrés.

L'ALIGNEMENT

Commencez dans la position à quatre pattes. Expirez et engagez le muscle transverse au maximum. Inspirez dans les côtes. Expirez, serrez encore le ventre et soulevez les genoux du sol en maintenant le muscle transverse engagé.

Inspirez dans les côtes sans bouger.

Expirez en reposant les genoux au sol.

Le petit plus

Commencez avec une seule respiration, puis essayez de tenir plus longtemps avec les genoux décollés.

LA TABLE AVEC PAS EN AVANT

Après avoir réussi à tenir la table genoux décollés plusieurs respirations, vous pouvez passer au niveau suivant avec cette variante.

LES APPUIS

Vous êtes en appui sur la pointe des pieds et sur les mains. Les mains sont sous les épaules, les genoux pliés à 90 degrés.

L'ALIGNEMENT

Commencez dans la position à quatre pattes. Expirez et engagez le muscle transverse au maximum. Inspirez dans les côtes. Expirez en serrant encore le ventre et soulevez les genoux du sol en maintenant le muscle transverse engagé.

Inspirez dans les côtes sans bouger. Gardez la colonne vertébrale longue.

Expirez, ramenez le pied droit vers l'avant, puis vers l'arrière (sur la même expiration). Inspirez dans les côtes sans bouger, puis refaites à gauche.

Une fois l'exercice terminé, expirez en reposant les genoux au sol.

Le petit plus

Commencez par faire un pas de chaque côté, puis ajoutez de la difficulté en tenant la posture pendant plusieurs pas. Le ventre reste toujours engagé et ne pousse pas vers l'extérieur.

LA CHAISE RENVERSÉE FACILE

Cet exercice permet de solliciter le muscle transverse en travail hypopressif – sans pression dans l'abdomen.

LES APPUIS

Vous êtes allongée au sol, jambes pliées, pieds posés au sol.

L'ALIGNEMENT

Les pieds sont posés à la même largeur que les hanches. La tête repose au sol. Le dos garde sa courbure naturelle.

Expirez et aspirez le nombril vers la colonne vertébrale. Inspirez dans les côtes en élargissant le cercle imaginaire. Expirez en serrant à nouveau le bas du ventre et levez le genou droit, plié à 90 degrés, et ramenez-le dans un angle de 90 degrés par rapport au buste.

Inspirez dans les côtes, puis expirez en reposant le pied droit.

Faites la même chose à gauche.

Le petit plus

Quand vous êtes à l'aise dans cette posture, vous pouvez exercer une pression supplémentaire en plaçant votre main sur l'intérieur de la cuisse opposée. La cuisse pousse dans la main et la main dans la cuisse à l'expiration.

LE LEVER DE JAMBE

Cet exercice reprend le même mouvement que la chaise renversée facile, avec une difficulté supplémentaire, car la jambe tendue demande plus de résistance que lorsqu'elle est pliée.

LES APPUIS

Vous êtes allongée au sol, jambes pliées, pieds posés au sol.

L'ALIGNEMENT

Les pieds sont posés à la même largeur que les hanches. La tête repose au sol. Le dos garde sa courbure naturelle.

Expirez et aspirez le nombril vers la colonne vertébrale. Inspirez dans les côtes en élargissant le cercle imaginaire. Expirez en serrant à nouveau le bas du ventre et levez le genou droit, plié à 90 degrés, et ramenez-le dans un angle de 90 degrés par rapport au buste.

Inspirez dans les côtes, puis expirez et tendez la jambe. La jambe peut dans un premier temps se tendre vers le plafond. Plus la jambe sera parallèle au sol, plus la difficulté sera grande. Assurez-vous que le dos ne se cambre pas.

Inspirez dans les côtes, puis expirez en pliant la jambe à nouveau et reposez le pied droit.

Faites la même chose à gauche.

Le petit plus

Préférez commencer avec une jambe tendue vers le plafond, et à chaque entraînement approchez-vous de plus en plus du sol.

LA CHAISE RENVERSÉE

Cette posture paraît facile mais, si elle est bien réalisée, elle offre un exercice de renforcement à elle seule.

LES APPUIS

Vous êtes allongée au sol, les jambes sont pliées, les pieds sont posés au sol.

L'ALIGNEMENT

Les pieds sont posés à la même largeur que les hanches. La tête repose au sol. Le dos garde sa courbure naturelle.

Expirez, et aspirez le nombril vers la colonne vertébrale. Inspirez dans les côtes en élargissant le cercle imaginaire. Expirez en serrant à nouveau le bas du ventre et levez le genou droit, plié à 90 degrés, et ramenez-le dans un angle de 90 degrés par rapport au buste.

Inspirez dans les côtes, puis expirez en levant le genou gauche, dans le même alignement que le genou droit. Le dos ne se cambre pas. À chaque expiration, allongez la colonne vertébrale.

Pour sortir de la posture, utilisez une expiration pour poser un pied, puis une suivante pour poser le second pied.

Le petit plus

Quand vous vous sentez à l'aise dans la posture, vous pouvez ajouter un peu de difficulté en soulevant légèrement les bras du sol.

Après la rééducation du périnée

Après la rééducation du périnée, vous pouvez reprendre votre routine de yoga habituelle si vous en avez une, ou entamer des cours de yoga vinyasa niveau débutant si vous découvrez le yoga.

LA PLANCHE AVEC PAS

Cette variante de la planche permet de renforcer le corps avec un exercice de stabilisation supplémentaire.

LES APPUIS

Vous êtes en appui sur les mains et sur les pieds, orteils retournés.

L'ALIGNEMENT

Partez de la posture à quatre pattes. Expirez et engagez le muscle transverse. Inspirez dans la cage thoracique en élargissant le cercle imaginaire autour de vos côtes. Expirez en serrant davantage le ventre et avancez les mains vers l'avant. Alignez bien les épaules avec les poignets. Inspirez dans les côtes, expirez en serrant le ventre et tendez une jambe derrière vous. Inspirez dans les côtes, puis expirez en tendant la seconde jambe derrière vous. Les pieds sont posés à la même largeur que le bassin.

Inspirez dans les côtes, expirez en serrant le ventre et rapprochez le pied droit des mains, puis tendez la jambe à nouveau sur la même expiration.

Faites pareil de l'autre côté.

Sur l'expiration suivante, posez les genoux et marchez les mains en arrière pour revenir dans la position à quatre pattes. Inspirez normalement, sans prendre une inspiration trop brutale.

YOGA
avec votre bébé

Cette partie du livre servira à vous faire bouger avec votre bébé – qui aura si souvent besoin d'être près de vous – en toute sécurité et avec les mouvements adaptés à un corps qui a donné la vie récemment.

Il ne s'agit pas ici d'inventer de nouvelles postures, mais de vous montrer en images que vous pouvez pratiquer avec votre bébé tout près de vous. Une fois votre rééducation terminée, vous pouvez faire ces postures en continuant de respecter la règle : je bouge et j'expire en même temps que je m'autograndis.

Il existe un petit avantage à ce genre de pratique : le poids de votre bébé aura tendance à vous demander un plus grand contrôle du muscle grand droit, que nous travaillons un peu moins pendant la phase de rééducation. La priorité est mise sur le muscle transverse, cependant l'utilisation du muscle grand droit est également souhaitée afin d'éviter d'aggraver l'écartement de la ligne blanche, qui est peut-être encore en train de guérir.

POSER SON BÉBÉ

Cette façon de poser votre bébé avant de commencer votre séance est sécurisée pour le périnée, et elle permet de renforcer le dos et les jambes par la même occasion.

LES APPUIS

Vous êtes en fente basse, en appui sur un pied et sur l'autre genou, l'autre tibia et l'autre pied.

L'ALIGNEMENT

Placez-vous à genoux sur le tapis, puis un pied devant et l'autre genou au sol. Gardez votre bébé près de vous.

Expirez et engagez le muscle transverse en serrant le nombril vers la colonne vertébrale.

Inspirez dans les côtes, puis expirez en commençant à vous pencher en avant avec le dos le plus long possible.

Gardez votre bébé contre vous le plus longtemps possible en descendant, jusqu'à votre maximum, puis tendez les bras pour l'amener vers le tapis.

Le petit plus

Changez régulièrement de jambe d'une séance à l'autre afin de travailler les deux côtés de la même façon. Faites le chemin inverse avec les mêmes respirations pour relever votre bébé.

S'ALLONGER AVEC SON BÉBÉ

Pour un défi supplémentaire de force, une fois que tous les exercices précédents sont maîtrisés, la rééducation terminée, et que vous avez repris une pratique du yoga classique, cet exercice est adapté. Si vous ne pouvez pas encore faire tous les exercices précédents, ou si votre kiné ou votre sage-femme ne vous donne pas le feu vert, cette façon de faire n'est pas adaptée pour vous.

LES APPUIS

Vous êtes assise jambes tendues ou légèrement pliées, et vous finissez allongée sur le sol.

L'ALIGNEMENT

Il s'agit ici de l'exercice du roll-up en pilates, que nous modifions puisque nous avons un poids supplémentaire.

Expirez, engagez votre ventre et amenez votre bébé dans les bras, au-dessus de vous. Inspirez dans les côtes, expirez en enroulant le dos vertèbre après vertèbre dans le sol. C'est la tête qui touche le sol en dernier.

Le ventre doit rester engagé et ne pas pousser vers l'extérieur.

Le petit plus

Cet exercice, réalisé sans bébé dans les bras, est déjà très difficile. Ne forcez pas, préférez vous allonger sur le côté, en ayant déjà posé votre bébé avec la posture de la fente basse.

SE RELEVER AVEC SON BÉBÉ

Cette façon de se relever est un véritable exercice de renforcement pour votre dos et vos abdos. Cet exercice ne sera pas accessible à toutes, il est difficile. Il n'est possible que si vous maîtrisez les exercices de yoga et de renforcement postnatal qui précèdent. Si ce n'est pas encore le moment, préférez la version « Poser son bébé ».

LES APPUIS

Vous êtes allongée sur le côté, votre bébé au creux de vos bras, sa tête est maintenue dans vos bras.

Expirez et engagez le muscle transverse en aspirant le bas du ventre vers la colonne vertébrale. Inspirez dans les côtes. Expirez en commençant à vous relever sur le côté en gardant le coude du bras au sol, avec bébé dans les bras, et la main du dessus au sol.

La jambe du dessus se tend pour faire contrepoids et vous aider.

LE CHAT ET LA VACHE AVEC BÉBÉ

MARJARYASANA ET BITILASANA

Posez votre bébé entre vos mains, il adorera le contact visuel. Les respirations sont les mêmes que pour l'exercice traditionnel (p. 16).

Le petit plus

Le mouvement sera un peu différent car vous aurez envie de regarder votre bébé. Assurez-vous simplement que vous bougez aussi la nuque de temps en temps et qu'elle ne reste pas crispée.

LA TÊTE VERS LE GENOU AVEC BÉBÉ

JANU SIRSASANA

Placez votre bébé le long de la jambe qui est tendue et penchez-vous vers lui : il adorera la proximité.

LES APPUIS

Vous êtes assise sur le sol, les jambes tendues et jointes, pieds fléchis. Le dos est long.

L'ALIGNEMENT

Suivez les instructions p. 36. Maintenez la posture entre 5 et 10 répétitions, puis changez de côté.

Profitez des expirations pour renforcer le muscle transverse en le serrant et en vous autograndissant.

LA BOULE AVEC BÉBÉ

Cette posture est adaptée pour les bébés qui tiennent leur tête en position couchée sur le ventre. C'est un bon exercice pour soulager le dos de la maman et divertir le bébé. Si vous ne pouvez pas vous allonger seule avec votre bébé, demandez à une autre personne de le porter une fois que vous êtes positionnée allongée au sol.

L'ALIGNEMENT

Commencez avec la tête posée au sol et restez ainsi ou, sur l'expiration, avec un ventre engagé et aspiré vers la colonne, relevez la tête, pour regarder votre bébé.

Gardez les genoux serrés contre vous, les épaules basses et reposez la tête dès que vous sentez une tension dans la nuque. De même, reposez la tête si vous sentez une pression vers l'extérieur ou le bas au niveau du ventre.

LES APPUIS

Vous êtes allongée sur le dos, votre bébé est allongé sur son ventre sur vos tibias.

Le petit plus

Basculez légèrement les jambes de droite à gauche pour amuser votre bébé, en bougeant sur l'expiration. Faites de très petits mouvements afin d'éviter de basculer sur un côté.

BALASANA AVEC BÉBÉ

Lorsque vous avez besoin d'un moment de repos, mais que votre bébé a besoin de contact, cette version de balasana offrira un parfait compromis puisque vous pourrez poser vos mains sur votre bébé pour le sécuriser, tout en relâchant le corps.

À partir de la posture du chat, poussez les fesses vers les talons et les bras bien devant, ou sur votre bébé.

Vous pouvez aussi placer votre tête près de votre bébé si le contact avec les mains n'est pas suffisant.

Évitez de vous placer dans un quatre pattes inconfortable, cela pourrait causer des tensions dans la nuque et les épaules.

LA DÉESSE AVEC BÉBÉ

Cette posture vous permettra de solliciter les jambes et de les étirer tout en gardant votre bébé près de vous.

Les instructions sont les mêmes que pour la déesse seule (p. 89), sauf qu'il vous faudra exercer une résistance supplémentaire du fait du poids de votre bébé qui vous amènera vers un dos un peu plus cambré. Utilisez la respiration pour allonger le dos. L'expiration allonge le dos, et l'inspiration se fait dans les côtes pour maintenir un muscle transverse engagé.

L'ARBRE AVEC BÉBÉ

Les instructions sont les mêmes que pour l'arbre seule. Le poids de votre bébé vous amènera à devoir modifier votre placement habituel, prenez donc bien le temps de vous placer et de trouver l'équilibre.

LA FENTE AVEC BÉBÉ

Les instructions sont les mêmes que pour la fente seule. Le poids de votre bébé dans vos bras aura pour effet de vous cambrer un peu. Concentrez-vous sur la respiration pour éviter la cambrure dans le bas du dos.

Réalisez cette version de la posture quand vous vous sentez à l'aise dans la fente seule.

Utilisez l'autograndissement, ouvrez les épaules et évitez d'arrondir votre dos. Le dos doit être long, ni trop cambré ni trop arrondi vers l'avant. Cherchez la longueur en tirant le dessus de la tête vers le plafond.

BÉBÉ HEUREUX

Cette posture vous permettra de soulager le bas du dos et les hanches pendant que votre bébé apprend à tenir en équilibre sur le ventre. Votre bébé est posé sur votre ventre.

LES APPUIS

Vous êtes allongée sur le dos, les genoux pliés vers les épaules, les pieds parallèles au plafond.

L'ALIGNEMENT

Allongez-vous sur le dos et, sur l'expiration, amenez un genou vers l'épaule, inspirez dans les côtes, puis amenez l'autre genou vers l'autre épaule. Fléchissez les pieds et attrapez vos gros orteils avec l'index et le majeur. Vous pouvez aussi attraper l'extérieur de vos pieds si vous préférez.

Les genoux sont bien ouverts et les tibias orientés à un angle de 90 degrés par rapport au sol.

Conservez un bon engagement musculaire au niveau du ventre et des cuisses afin que les jambes ne se plient pas trop et que les genoux ne partent pas trop vers l'extérieur. Cela pourrait tirer sur le dos et le cambrer, ou tirer excessivement sur les ligaments des hanches.

Le petit plus

Plaquez la tête dans le sol pour pouvoir regarder votre bébé, évitez de la lever. Vous pouvez attraper seulement un pied pour commencer, afin de garder une main sur votre bébé s'il ne tient pas encore en équilibre.

LA DEMI-PLANCHE AVEC BÉBÉ

Un peu de renforcement qui fera sourire votre bébé, ravi de vous regarder pendant que vous respirez avec concentration !

Les instructions sont les mêmes que pour la planche sur les genoux seule (p. 120). Il vous faudra bien placer votre bébé afin que votre regard puisse se poser sur lui sans compromettre l'alignement de la nuque. Déplacez-vous vers le haut ou le bas si besoin.

Le placement adéquat est généralement avec les poignets posés au même niveau que le nombril de votre bébé.

LA PLANCHE AVEC BÉBÉ

Une version plus difficile qui vous permet de continuer le renforcement des abdos tout en ayant votre bébé près de vous.

Les instructions sont les mêmes que pour la planche seule. Le placement adéquat est généralement avec les poignets posés au même niveau que le nombril de votre bébé.

Pratiquer avec votre bébé offre une distraction supplémentaire pour vous qui devez rester concentrée sur votre alignement, votre respiration, et les sourires à votre bébé. Votre cerveau de maman est fait pour ça, profitez-en !

SAVASANA AVEC BÉBÉ

Vous avez aussi le droit de vous reposer ! Votre bébé sera curieux en regardant votre visage paisible, les yeux fermés. Posez simplement votre bébé sur le ventre, ou demandez à une troisième personne de vous l'apporter si les étapes pour vous allonger avec votre bébé ne sont pas encore accessibles.

Votre savasana ne durera pas très longtemps, mais il sera bénéfique pour tous les deux.

CONCLUSION

L'arrivée d'un bébé transforme une vie, et transforme la femme en maman. La pratique du yoga apporte un confort inestimable pour la femme enceinte, pour la jeune maman, et pour le bébé, qui voit sa maman bouger et respirer.

Le yoga nous apprend la patience, et elle est nécessaire après avoir accouché, quand le corps se remet de cette incroyable aventure qu'est l'accouchement.

Grâce à ces exercices de yoga, votre expérience enceinte sera améliorée en raison du confort que les postures vous apporteront.

Relisez autant qu'il faut tous les exercices du troisième trimestre qui pourront vous être utiles lors de l'accouchement.

Votre expérience de jeune maman sera transformée, elle aussi. Peu importe le nombre d'interruptions que vous pourrez connaître, quelques mouvements de yoga ici et là vous feront le plus grand bien, pour le corps et pour la tête.

Le mot d'ordre : patience. Il m'a fallu six mois de rééducation pour ressentir que je pouvais à nouveau pratiquer « comme avant ». Nous sommes toutes différentes et certaines d'entre vous pourront reprendre beaucoup plus vite (c'est souvent le cas), selon l'accouchement que vous aurez eu.

Prenez soin de vous, votre bébé vous remerciera !

REMERCIEMENTS

Je remercie Pawel de me soutenir dans tous mes projets, et d'avoir partagé avec moi ses connaissances en kinésithérapie pour que je dispense les meilleurs conseils possible dans ce livre.

Je remercie Liliana, ma fille, qui a fait les photos des « postures avec bébé » tout en souriant.

Je remercie Camille Chaline, kinésithérapeute spécialisée en rééducation abdominale et périnéale, pour ses soins et ses précieux conseils, qui m'ont aidée à enrichir le livre avec des explications précises et adaptées.

Je remercie mon amie Jeanne, avec qui j'ai partagé toute la grossesse, et qui a pris soin de Liliana pendant que j'écrivais ces lignes.

Je tiens à remercier Iris Dion et Barbara Janssens, de chez Mango, qui m'ont accompagnée pendant plus d'un an pour la préparation de ce livre.

Enfin, je remercie pour leur présence et leur soutien Carol-Ann, ma sœur ; Florian, mon frère ; mes parents et Dorota.

Direction : Guillaume Pô
Direction éditoriale : Tatiana Delesalle
Édition : Barbara Janssens et Emeline Plessier
Direction artistique : Chloé Eve
Relecture et corrections : Ségolène Estrangin
Création et mise en pages : Joséphine Cormier
Illustrations : © Istock, © Shutterstock
Photographies : Tiphaine Cailly
Direction de fabrication : Thierry Dubus
Suivi de fabrication : Marie Dubourg
1re édition - N° d'édition : 23L0230
ISBN : 9782317032394
Code MDS : MN32394

Achevé d'imprimer en mai 2023
par Graphycems en Espagne

Dépôt légal : juin 2023
www.mangoeditions.com

MIXTE
Papier issu de sources responsables
FSC® C007507

Ce livre s'inscrit dans une démarche écoresponsable. Il est composé de matériaux issus de forêts bien gérées, certifiées FSC® (ou PEFCTM) et d'autres sources contrôlées. Cette certification garantit une empreinte carbone réduite et une gestion raisonnée de la forêt, qui maintient la biodiversité et protège les écosystèmes. Il a été imaginé et conçu en France, et imprimé en Europe.

Les éditions Mango
Des auteurs spécialistes, des créations uniques
Des ouvrages réalisés en France par des équipes passionnées
Des objets de qualité conçus pour durer
Des livres pour toute la vie !

Retrouvez-nous sur Instagram et Facebook :
@mangoeditions